그리스도인들은 윤리적 교훈을 찾고 영적 성장을 추구할 때 사사기를 외면하는 경향이 있다. 그러나 데이비드 벨드먼은 그러한 행동이 성경에서 가장 적절한 메시지 중 일부를 놓치는 것임을 현대 해석학의 도움을 받아가며 입증한다. 그다지 호감이 가지 않는 이 본문을 벨드먼과 함께 읽어 나가다 보면, 교훈과 도전을 얻게 될 것이다. 요컨대, 이 책은 성경의 가치 있는 한 부분에 대한 가장 가치 있는 연구의 결과물이다.

— 고든 웬함, 트리니티 칼리지, 구약학 교수, *Exploring the Old Testament* 저자

이 탁월한 연구를 통해 데이비드 벨드먼은 세 가지 일을 한다. 첫째로 사사기를 성경 전체의 포괄적인 창조와 구속 이야기 안에 의미 있게 위치시킨다. 둘째로 사사기의 구조와 그 구조가 전하는 본질적인 (그러나 쉽게 간과되는) 메시지를 분명하게 밝히고 설명한다. 셋째로 사사기가 현대 문화와 관련되는 부분에 대해 통찰력 있는 의견들을 제공한다. 이렇게 간단하게 쓰이고 쉽게 읽히는 짧은 책을 통해 그런 일을 한 것은, 그리고 성경에서 아주 도전적이지만 자주 무시되는 책 중 하나를 위해 그런 일을 한 것은 크게 칭송할 만한 업적이다. 교회와 학생 모임들, 그리고 설교자들과 교사들 모두가 이 책이 자신들의 눈을 열어 주고 믿음에 영양분을 공급해 주는 것을 발견하게 될 것이다.

— 크리스토퍼 라이트, 랭햄 파트너십 국제사역 책임자

우리 시대에 교회는 사사기를 깊이 연구해야 할 절실한 이유를 갖고 있다. 나는 그런 연구를 이끌어 줄 만한 사람으로 데이비드 벨드먼보다 나은 이를 알지 못한다. 우리 교회에서 사사기 전체에 관한 설교를 하기 전에 데이비드가 『왕을 버리다: 사사기』를 교재로 삼아 우리 교회 지도자들을 가르친 적이 있다. 그 가르침은 충격적이었으며, 우리의 신앙을 형성해 주었고, 날카로웠다. 나는 이 책을 통해 사사기에 빠져들기를 모든 이에게 적극 권한다.

— 타일러 존슨, 리뎀션 처치(Redemption Church) 담임목사

사사 시대의 (그리고 우리 시대의) 문제는 왕의 부재가 아니라 왕의 유기다. 그러나 왕이신 하나님께서 자신을 버린 백성을 끝까지 붙드시기에, 사사기는 비극적 상황을 그리지만 비관적이지 않다. 이 짧은 지면에 사사기의 면밀한 구조 분석과 깊이 있는 신학적 사색을 친절히 풀어낸 저자의 능력과 수고를 치하하며, 21세기 사사 시대를 살아가는 성도들에게 일독을 권한다.

— 유선명, 백석대학교 구약학 교수

이 시대의 성도들에게 사사기의 메시지를 들려주고 싶다면 데이비드 벨드먼의 『왕을 버리다: 사사기』를 추천한다. 저자는 성경 전체에 흐르는 구속의 내러티브 안에서 사사기의 좌표를 제시하고, 사사기 전체 구조를 통해 발견한 새로운 안목들을 소개한다. 이 책은 현대인들이 사사기를 어떻게 읽을 것인지에 대한 참신한 가이드 역할을 해 줄 것이다.

— 이희성, 총신대학교 신학대학원 구약학 교수

"그 때에 이스라엘에 왕이 없으므로
사람이 각기 자기의 소견에 옳은 대로 행하였더라"

(21:25)

Copyright ⓒ 2017 by David J. H. Beldman
Originally published in English under the title
Deserting the King: The Book of Judges
by Lexham Press, 1313 Commercial St., Bellingham, WA 98225, U.S.A.
All rights reserved.

Translated and used by permission of Lexham Press.

This Korean Edition Copyright ⓒ 2018 by Jireh Publishing Company,
Goyang-si, Gyeonggi-do, Republic of Korea.

이 한국어판 저작권은 Lexham Press와 독점 계약한 이레서원에 있습니다.
신저작권법에 의하여 한국 내에서 보호받는 저작물이므로 무단 전재와 무단 복제를 금합니다.

왕을 버리다: 사사기
Deserting the King: The Book of Judges

왕을 버리다: 사사기
Deserting the King: The Book of Judges

데이비드 벨드먼 지음
김광남 옮김

초판 1쇄 인쇄   2018년 3월 28일
초판 1쇄 발행   2018년 4월 4일

발행처   도서출판 이레서원
발행인   문영이
출판신고   2005년 9월 13일 제2015-000099호

기획   이혜성
편집   송혜숙, 오수현
영업   박생화
총무   곽현자

경기도 고양시 일산동구 중앙로 1160 오원플라자 801호
Tel. 02)402-3238, 406-3273 / Fax. 02)401-3387
E-mail: Jireh@changjisa.com
Website: Jireh.kr / Facebook: facebook.com/jirehpub

책값은 표지에 있습니다.

ISBN 978-89-7435-501-2
ISBN 978-89-7435-500-5 04230 (세트)

신저작권법에 의해 한국 내에서 보호받는 저작물이므로 저작권자의 서면 허락 없이 이 책의 어떠한 부분이라도 전자적인 혹은 기계적인 형태나 방법을 포함해서 그 어떤 형태로든 무단 전재하거나 무단 복제하는 것을 금합니다.

이 도서의 국립중앙도서관 출판예정도서목록(CIP)은 서지정보유통지원시스템 홈페이지(http://seoji.nl.go.kr)와 국가자료공동목록시스템(http://www.nl.go.kr/kolisnet)에서 이용하실 수 있습니다. (CIP 제어번호: CIP2018006379)

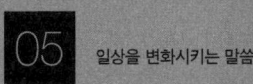

일상을 변화시키는 말씀

왕을 버리다
: 사사기

Deserting the King
The Book of Judges

데이비드 벨드먼 지음
크레이그 바르톨로뮤 시리즈 편집
김광남 옮김

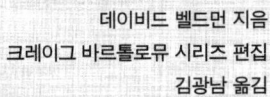

"신은 죽었다! 우리가 그를 죽였다! 어떻게 우리가 모든 살인자 중의 살인자인 우리를 위로할 수 있을까! 세상에서 가장 거룩하고 가장 강력했던 존재가 우리의 칼날에 피를 흘리며 죽었다. 누가 우리에게서 이 피를 닦아 줄 것인가? 어떤 물로 우리 자신을 깨끗하게 할 수 있을까? 우리를 위해 어떤 속죄의 제의와 어떤 거룩한 제전을 만들어 내야 할까? 그 일의 심각성은 우리가 감당하기에는 너무 큰 것 아닌가? 그 일을 할 수 있으려면 우리 스스로 신이 되어야 하는 것 아닌가? 이보다 큰일은 결코 없었다. 그리고 우리 뒤에 태어나는 그 누구라도 그 일로 인해 지금까지의 모든 역사보다 높은 역사에 속하게 될 것이다!…그때 지금 존재하는 이런 교회들은 하나님의 무덤과 분묘 외에 무엇이 될 것인가?"

— 니체의 "광인"[1]

---

1 Friedrich Nietzsche, "The Madman," in *The Gay Science: With a Prelude in Rhymes and an Appendix of Songs*, trans. Walter Kaufmann (New York: Random House, 1974), 181.

목차

1장	서론 · 11	
2장	장대한 이야기의 문맥 속에 있는 사사기 · 26	
3장	사사기의 구조: 사이클, 나선형 하강, 순환 · 43	
4장	"이스라엘에 왕이 없었으므로": 여호와 시해(弒害) · 69	
5장	거룩한 백성의 가나안화 · 86	
6장	사사기에 나타난 폭력 · 98	
7장	사사기의 지속적인 증언 · 114	
8장	결론 · 131	

추천 도서 · 134

1장

서론

 한 친구가 당신에게 다가오는 것을 상상해 보라. 10년에 걸친 그녀의 결혼 생활은 깨졌고, 그녀는 지금 어찌해야 할지 모른다. 그녀가 자신의 결혼 생활 속으로 비집고 들어온 작은 경고 사인을 처음으로 감지한 것은 남편이 다른 여자들을 대하는 태도였다. 그는 그녀가 그 사실을 알아차렸다는 것을 몰랐다. 그녀는 처음에는 경고 사인을 무시하려고 했다. 그러나 결국 남편과 맞섰다. 그는 자신이 다른 여자들을 야릇하게 대했음을 부인하지 않았다. 그는 사과했고 다시는 그러지 않겠다고 약속했다. 그리고 상황은 한동안 나아졌다. 여러 해가 흐른 후, 그녀는 남편이 생일 파티에서 오랜 이성 친구와 시시덕거리는 것을 보았다. 그녀가 나무라자 그는 자기의 어리석은 행동을 과음 탓으로 돌렸다. 다시 그는 사과했다. 그리고 상황은 또 한동안 나아졌다. 결혼 생활의 마지막 해에 남편은 사업 때문에 계속해서 바빴다. 그리고 그는 더 많은 시간을 사무실에서 그리고 집을 떠나 단기 여행을 하면서 보냈다. 몇 주 전에 그녀는 그의 휴대 전화에서 회사의 여직원에게서 온 몇 통의 문자 메시지를 발견했다. 믿을 수 없는 일이었다. 남편은 바람을 피우고 있었던 것이다. 그녀는 깊은 상처와 충격을 받았다. 그녀가 남편에게 따지고 들자 남편은 자기가 바람을 피우고 있으며 결혼 생활을 하는 내내 다른 여자들과 부적절한 행위를 해 왔음을 인정했다. 그의 이런 방탕한 삶의 패턴은 그들의 결혼 이전에 시작되었다. 그는 결혼이 새로운 출발의 계기가 되기를 바랐으나, 얼마 안 가 오래된 삶의 패턴이 나타났다. 그녀는 큰 충격을 받았다. 결혼 생활이 처음부터 가짜였다고 느꼈다. 결혼식 날 그녀와 남편이 맹세했던 서약은 아무런 의미도 없었다.

  이것이 사사기에서 펼쳐지는 이야기다. 여호와는 신실한 아내와 같고, 이스라엘은 신실하지 못한 남편과 같으며, 시내산 언약은 혼인 서약과 같고, 가나안의 신들에 대한 이스라엘의 지속적인 숭배는 남편이 계속해서 그 서약을 어기는 것과 같다. 어쩌면 하나님의 백성이 서서히 부정한 길로 빠져드는 것처럼 보이지만, 사사기의 끝부분을 보면 그들의 부정이 아주 일찍이 즉 그들이 여호와와 처음 관계를 시작한 때부터 이미 만연해 있었음을 알 수 있다. 도대체 시내산 언약과 그것에 대한 이스라엘 백성의 반복적인 동의에 그 어떤 의미가 있었던 것일까?

하나님 백성의 특정한 삶의 시기를 그리는 사사기는 결코 매력적이지 않다. 사사기는 지속적으로 그리고 반복적으로 불성실했던 백성이 처한 비극적인 상황을 보여 준다. 또한 하나님의 백성 이스라엘이 열두 부족의 연합체로부터 완전한 나라를 이루기까지 성장하는 역사 중 어느 한 시기를 묘사한다. 그러나 이스라엘 백성은 거룩한 백성과 제사장 나라가 되어야 한다는 그들의 소명(출 19:6)을 따라 살기보다는 오히려 주변의 나라들과 같은 특성을 가지고 동일하게 행동하였다. 그로 인해 백성과 열방은 드라마틱한 결과를 초래하고 말았다.

사사기의 기본적인 메시지는 하나님이 그분의 백성에게 그들이 누구이며 왕이신 여호와께서 그들을 위해 무슨 일을 하셨는지를 기억하라고 명령하시는 내용이다. 그 백성은 그런 기억의 토대 위에서 열방의 복을 위해 여호와를 대표하는 자들로서의 소명을 따라 살아야 한다. 이 메시지는 수없이 긴 세월을 통해 되울리고 있으며 당신이나 나 같은 예수의 추종자들에게 21세기가 제기하는 도전의 한가운데서 우리의 소명을 따라 살아가라는 부르심을 계속하고 있다.

그러나 대개 이런 핵심 메시지는 쉽게 간과될 수 있는데, 사사

> 사사기의 기본적인 메시지는 하나님이 그분의 백성에게 그들이 누구이며 왕이신 여호와께서 그들을 위해 무슨 일을 하셨는지를 기억하라고 명령하시는 내용이다.

기가 아주 복잡하고 혼란스러운 책이기 때문이다. 이 혼란스러운 성격은 때때로 그 책의 이야기들에서 나오는 수수께끼들을 통해 드러난다. 예컨대, 삼손은 결혼식 피로연에서 하객들에게 이런 수수께끼를 제시한다.

> 먹는 자에게서 먹는 것이 나오고
> 강한 자에게서 단 것이 나왔느니라 (14:14)

사사기의 독자들은 수수께끼 이면에 삼손이 죽인, 그래서 꿀벌 집단의 서식지가 된 사자의 사체가 있다는 것을 안다(14:5-9). 그러나 만약 그러한 정보가 없었다면, 우리는, 삼손의 결혼식 하객들이 그랬던 것처럼, 푸는 것이 불가능해 보이는 그 수수께끼로 인해 당황했을 것이다.

사사기는 비록 성경에서 가장 인상적인 이야기들 – 유혈 사태, 음모, 그리고 영웅주의에 관한 이야기들 – 중 몇 가지를 포함하고는 있으나 또한 독자들에게, 삼손의 수수께끼처럼, 푸는 것이 불가능해 보이는 혼란스러운 수수께끼들을 제공한다. 복잡한 그리고 때때로 기이한 상황들, 인물들, 그리고 행위들은 도대체 사사기가 어떻게 우리에게 "이것은 주님의 말씀이다. 감사드린다"라고 말하도록 촉구할 수 있는지 의아하게 만든다. 아마도 오늘날 사사기를 읽는 독자들이 마주하는 가장 기본적인 수수께끼는 이것일 것이다. 우리가 어떻게 귀를 기울여야 하나님이 사사기를 통해 오늘 우리에게 말씀하시는 것을 들을 수 있을까? 사사기에는 우리가 풀지 못할 수도 있는 몇 가지 수수께끼가 들어 있지만, 또한 성경의 이 혼란스러운 - 그러나 중요한 - 부분을 이해할 수 있게 해 주는 오해의 여지가 없는 단서들도 제공한다.

본서를 사사기를 읽을 때 방향을 잡는 데 도움을 주는 지도라고 여기라. 지도는 낯선 곳에서 매우 유용하다. 또한 익숙한 곳에서 새롭게 탐험할 지역들을 찾는 데 도움을 줄 수도 있다. 가장 중요한 것은 지도 자체가 결코 목표가 될 수 없다는 점이다. 지도는 언제나 지도가 가리키는 곳으로 우리가 돌아가도록, 즉 그것이 보여 주는 지역의 풍성함을 탐험하도록 몰아간다. 나는 이 책이, 좋은 지도가 그렇게 하듯이, 당신이 때때로 길을 잃어버리는 사사기라는 지역 안으로 직접 걸어 들어가도록 돕고 또한 거듭해서 성경의 본문 자체로 돌아가도록 촉구하게 되기를 바란다.

더 나아가기에 앞서 두 가지 중요한 문제들을 살펴보는 것이 도움이 될 것이다. (1) 사사기는 무엇인가? (2) 사사들(사사기에 등장하는 각각의 지도자)은 누구인가?

사사기(Judges): 책

사사기는 구약성경 중 모세오경(창세기-신명기) 이후에 그리고 시문으로 된 책들(욥기-시편) 앞에 등장하는 책들 사이에 위치해 있다. 이 부분(거기에는 여호수아, 사사기, 룻기, 사무엘상·하, 열왕기상·하, 역대상·하, 에스라, 느헤미야, 그리고 에스더가 포함되어 있다)은 흔히 역사서(historical books)라고 불리는데, 이는 다른 책들은 역사적이지 않아서가 아니라 이 책들이 가나안 땅의 정복으로부터 포로 되었던 곳에서의 귀환으로까지 이어지는 이스라엘의 역사에 관한 이야기를 전하기 때문이다. 사사기는 가나안 정복(여호수아) 이후와 이스라엘에서 군주제가 나타난 시기(사무엘상·하) 이전의 기간을 포괄한다. 즉 이스라엘 역사에서 백성이 약속의 땅에 정착하던 시기를 다룬다. 이 시기는 자주 "정착기"라고 불린다. 때때로 "사사들의 시대"라고도 불리는데, 이 시기 동안 백성이 사사들에게 다스림을 받았기 때문이다. 사사기는 이 시기를 완전하게 다루지 않는다. 정착기에 일어난 사건들 전체를 말하지 않는 것이다. 다만 이 시기의 역사에 대한 대략적인 개요를 제공한다. 사사기는 내용에 있어서 선별적이지만 거기에 등장하는 사건들은 그 시기와 관련된 핵심적인 사항들을 강조한다.

사사기 개요

1:1-3:6	**서론**	
1:1-2:5		이스라엘의 실패한 소탕 작전
2:6-3:6		사사기의 사이클에 대한 선포
3:7-16:31	**본론 : 사사기의 사이클**	
3:7-11		옷니엘
3:12-30		에훗
3:31		소(小)사사: 삼갈
4:1-5:31		드보라, 바락, 야엘
6:1-9:57		기드온과 그의 아들 아비멜렉
10:1-5		소사사들: 돌라, 야일
10:6-12:7		입다
12:8-15		소사사들: 입산, 엘론, 압돈
13:1-16:31		삼손
17:1-21:25	**결론**	
17:1-18:31		미가의 우상과 단 자손의 이주
19:1-21:25		기브아 사람들의 잔혹 행위와 그로 인해 발생한 이스라엘 백성의 베냐민 지파에 대한 원정 공격

우리는 역사에 대한 서술이 한 사건에 이어 다른 사건을 단순히 연대기적으로 기록하지 않는다는 점에 유념해야 한다. 역사가들은 역사적 사건들을 신중하게 연구하고, 선별하고, 배열하고, 정교하게 기록함으로써 의미 있고 일관된 무언가를 만들어 낸다. 이 점은 우리가 성경에서 발견하는 역사적 이야기들에도 해당된다.

요한은 그의 복음서 말미에서 이런 현실에 대해 증언한다. 요한복음 21:25에서 그는 예수님의 삶과 그 시대와 관련된 일들을 낱낱이 기록한다면 이 세상이라도 그 책들을 두기에 부족할 것이라고 말한다. 또한 요한복음 20:30-31에서 "예수께서 제자들 앞에서 이 책에 기록되지 아니한 다른 표적도 많이 행하셨으나 오직 이것을 기록함은 너희로 예수께서 하나님의 아들 그리스도이심을 믿게 하려 함이요 또 너희로 믿고 그 이름을 힘입어 생명을 얻게 하려 함이니라"고 지적한다. 바로 이것, 즉 사람들을 감동시켜 메시아를 믿게 하고 그 안에서 생명을 얻게 하는 것이 그가 복음서를 쓴 목적이었다. 요한의 목적은 이야기를 전하는 방식 – 이야기의 구조를 짜는 방식(일곱 개의 징표, 일곱 번의 "나는…이다"라는 말씀), 다른 복음서들이 말하지 않는 것을 기술함(예수님께서 물로 포도주를 만드신 사건, 죽은 나사로를 일으키신 사건), 그리고 그가 예수님에 관한 설명에서 빠뜨린 내용(그분의 세례, 시험, 그리고 변화) 등이 포함된다 – 에 크게 영향을 주었다. 예수님의 이야기를 전하는 요한의 독특한 방식은 1세기 후반부를 살아가는 그리스도인들에게 예수님의 참된 정체를 알리고자 하는 그의 동기로부터 나온다.

안타깝게도 사사기는 요한복음처럼 목적을 분명하게 진술하지 않는다. 아마도 이 부분이 사사기의 또 다른 수수께끼 중 하나일 것이다. 그러나 기본적인 구성 원리는 동일하다. 사사기에는 정착기에 발생한 사건들이 많이 등장하지 않는다. 그리고 사건들은 어떤 목적을 위해 그 책에 포함되어 있다. 본서의 나중 장들에서 상세하게 살펴보겠지만, 사사기 저자는 어떤 메시지를 전달하기 위해 그 책을 사려 깊게 그리고 신중하게 구성했다. 아마도 사사기의 메시지와 요한의 메시지는 크게 다르지 않을 것이다. 사사기는 하나님의 백성이 여호와를 믿고 그분 안에서 생명을 얻어야 한다는 긴급한 호소를 전한다.

요한복음에서처럼 사사기의 메시지는 사사기 본문을 통해 전해진다. 하나님께서는 성령을 통해 신비로운 방식으로 인간 저자들의 수단과 동기들을 통해 일하심으로써 성경을 만들어 내셨다. 철저하게 인간적인 예언자들과 사도들의 말들이 하나님의 말씀이 되었다. 사사기 저자가 자신의 청중에게 전한 메시지는 역사를 통해 울려 퍼짐으로써 오늘날 그분의 백성을 향한 살아 계신 하나님의 메시지가 되고 있다. 인간 저자들의 서술과 그 동기를 면밀히 살피는 일은 오늘날 사사기를 통해 하나님께서 우리에게 말씀하시는 것을 가장 잘 들을 수 있게 해 준다.

우리는 구약성경의 역사적 이야기 전체를 어떤 목적을 지닌 역사로 여겨야 한다. 유대교 전통에서 이러한 점

> 사사기 저자가 자신의 청중에게 전한 메시지는 역사를 통해 울려 퍼짐으로써 오늘날 그분의 백성을 향한 살아 계신 하나님의 메시지가 되고 있다.

> 사사기의 메시지는 살아 있고 활동적이어서 우리가 살고 있는 21세기 상황 속으로 예언자적으로 말을 걸어온다.

을 배울 수 있다. 유대교 전통은 오래전부터 사사기를 전기 예언서들에 속한 것으로 간주해 왔다.[2] 사사기를 예언 문학으로 이해하는 것은 여러 가지 이유로 유익하다. 첫째, 이 관점은 사사기가 특정한 목적으로 특정한 백성에게 전해진 하나님의 말씀임을 인정한다. 다시 말해, 그 책의 목적은 단순히 역사적인 것이 아니라 신학적인 것이다. 둘째, 이 관점은 우리가, 적절한 렌즈를 통해 볼 경우, 역사적 사건들이 하나님과 그분의 목적을 드러낸다는 것을 깨닫도록 돕는다. 이런 사건들은 하나님의 성품, 그분이 창조하신 세상의 현실, 그리고 세상에서 인간을 향한 그분의 의도를 드러낸다는 점에서 가치가 있다. 마지막으로, 사사기의 메시지를 그 당시의 청중에게 전해진 대로 들을 때, 그 메시지는 세월을 통해 울리면서 오늘 우리에게 전달될 것이다. 사사기의 메시지는 살아 있고 활동적이어서 우리가 살고 있는 21세기 상황 속으로 예언자적으로 말을 걸어온다.

---

2 유대교 전통에 따르면, 전기 예언서는 여호수아, 사사기, 사무엘상·하, 그리고 열왕기상·하로 구성된다. 후기 예언서에는 이사야, 예레미야, 에스겔, 그리고 열두 개의 소예언서가 포함된다.

사사들(Judges): 사람들

책의 제목 "사사들"(judges, 책 제목인 동시에 "사사"라는 일반 명사의 복수형이기도 하다 – 역자 주)은 사사기의 핵심 등장인물들에 대한 동의다. 본서에서는 대사사들(옷니엘, 에훗, 드보라, 기드온, 입다, 그리고 삼손)과 소사사들(삼갈, 돌라, 야일, 입산, 엘론, 그리고 압돈)을 구별할 것이다. 후자를 소사사들이라고 부르는 까닭은 사사기가 그들에 관해 아주 제한된 정보만 – 때로는 한두 구절만 – 제공해 주기 때문이다. 반면에 대사사들에 관한 이야기는 더 상세하고 방대하게 나온다.

"사사들"이라는 용어는 이런 지도자들을 가리키기에 적합하지 않은 칭호일 수도 있으며, 따라서 어쩌면 사사기에 딱 맞는 제목이 아닐 수도 있다. 고대 이스라엘에는 "사사"(judge, 오늘날의 용어로는 "재판관"이지만, 본서에서는 익숙한 대로 "사사"라는 용어를 사용한다 – 역자 주)라는 직책이 존재했다(출 18:13-27; 신 16:18-20을 보라). 사사의 역할은 분쟁하는 이들 사이에서 중재하는 것, 그리고 특별한 경우에 여호와의 뜻과 법규들을 백성에게 알리는 것이었다. 사사기의 핵심적인 등장인물들은 분명히 그런 직책을 갖고 있었다. 사사기에서 "재판하다"에 해당하는 히브리어 동사는 대사사들 중 네 명(옷니엘, 드보라, 입다, 그리고 삼손)에게, 그리고 여섯 명의 소사사들 중 다섯 명(삼갈이 예외다)에게 적용되는데, 그들 모두는 이스라엘을 "다스렸다." 그러나 오직 한 경우(드보라)에만 사사가 실제로 재판이라는 직무에 관여한다(4:5를 보라). 그리고 사사기 전체에서 "재판관"이라는 칭호가 특별하게 적용되는 유일한 이는 여호와이시다(11:27). 재판을 하는 행위는 아마도 사사들이 이스라엘 백성을 그들의 적들로부터 구원함으로써 그 땅에 평화를 가져온 후에 일어났을 것이다.

비록 이 지도자들이 어느 시점에 재판에 관여하기는 하지만, 사사기에서 그들의 중요성은 **구원자(deliverer)**로서의 역할에 있다. 어느 한 부분에서 이 단어는 사사들에게 집단적으로 적용되는데(2:16-19), 그 본문은 그들이 수행했던 중요한 역할을 직접 설명해 준다. "여호와께서 사사들을 세우사 노략자의 손에서 **그들을 구원하게 하셨으나**"(2:16, 굵은 글씨는 저자 강조). 여호와께서는 지도자들의 모든 결함에도 불구하고 그들을 사용하여 자신의 백성을 구원하셨다. 본서는 이 지도자들을 "사사"와 "구원자"로 부를 것이다.

이스라엘의 참된 재판관과 참된 왕이신 하나님

사사기에 등장하는 각 이야기는 이스라엘의 하나님과 구원자의 성품에 관해 많은 것을 알려 준다. 때로는 그러한 묘사가 중점적으로 나오기도 하고 어떤 때에는 거의 나오지 않기도 한다. 사사기에서 여호와는 신적 재판관이자 왕으로 묘사된다.[3] 사사기를 읽을 때 우리는 하나님의 진노와 재판, 혹은 그분의 징벌

> 사사기는 혼란스러운 책일 수 있지만 오늘날의 독자들에게 우리가 섬기는 하나님에 관한 핵심 진리들을 전해 준다.

에 초점을 맞추는 경향을 보일 수 있다. 하지만 사사기가 하나님의 다른 두 가지 본질적 특성을 묘사하고 있음을 놓치지 말아야 한다. 하나는 그분의 은혜이고, 다른 하나는 오래 참으심이다. 사사기에는 엄격한 사랑이 존재하지만, 부드러운 사랑 역시 존재한다. 하나님은 이스라엘 백성을 반역에서 돌이키게 하시려고 그들의 역사를 인내심을 갖고 이끄신다. 그분은 도움을 요청하는 부르짖음을 들으시고 구원자를 보내어 응답하신다. 그분은 자기 백성이-그리고 그 백성을 통해 온 세상이-번성하기를 바라신다. 또한 샬롬을 완성시키기 위해 백성의 선택과 행위를 통해 신중하게 역사하신다. 이 하나님은 완전한 삶, 희생적인 죽음, 그리고 기적적인 부활로 평화의 왕국을 이루신 예수님을 통해 알게 되는 바로 그 하나님이시다.

사사기는 혼란스러운 책일 수 있다. 하지만 오늘날의 독자들에

---

3 Daniel I. Block, *Judges, Ruth* (NAC; Nashville: Broadman and Holman, 1999), 22. 사사들은 재판 행위에 관여했으나 특별히 재판관이라는 칭호를 부여받지는 않았던 것으로 전해진다.

게 우리가 섬기는 하나님에 관한, 인간의 상황에 관한, 그리고 세상에서 우리의 위치와 소명에 관한 핵심 진리들을 전해 준다. 우리가 그 진리들을 듣고자 귀를 기울이기만 한다면, 사사기에 실려 있는 오래된 가르침들은 실제로 오늘날에도 아주 유용하다.

| 읽 어 볼 글 들 |

- 가능하다면 앉은 자리에서 사사기 전체를 읽어 보라.
- 사사기 2:1-3:6을 꼼꼼하게 읽어 보라.

| 생 각 해 볼 질 문 |

01 사사기를 읽을 때 어떤 부분이 인상적이었는가? 무엇이 당신을 놀라게 하거나 혼란스럽게 했는가? 그것들을 간결하게 기록해 두고 이 책을 읽어 나갈 때 참고하라.

_____

_____

_____

02 사사기를 예언서로 여긴다는 개념이 새로운가? 예언서로 읽는다면 사사기에 접근하거나 이해하는 데 어떻게 영향을 주는가?

_____

_____

_____

03 당신은 사사기가 묘사하는 바 세상에서 자신의 백성을 향한 하나님의 목적이 오늘날 그분의 백성과 세상에 대해서도 동일하다는 것에 동의하는가? 어째서인가, 혹은 어째서 그렇지 않은가?

_____

_____

2장

장대한 이야기의 문맥 속에 있는 사사기

사사기는 더 큰 이야기, 즉 창세기 1장에서 시작해 요한계시록 22장에서 끝나는 장대한 이야기의 일부다. 성경은 에덴에서부터 새 예루살렘에 이르는, 하나님의 천지 창조로부터 새 하늘과 새 땅에 이르는 모든 일에 관한 포괄적인 이야기다. 그러므로 사사기의 메시지를 듣고 이해하기 위해서는 이 장대한 이야기 안에서 사사기가 차지하고 있는 위치를 이해하는 것이 중요하다.

사사기의 앞뒤를 살펴보면, 여호수아 뒤에 있고, 룻기와 사무엘상·하 앞에 있다. 룻기의 배경은, 첫 문장에 나오듯이, 사사 시대의 어느 때에 속해 있다. "사사들이 치리하던 때에"(룻 1:1). 그러나 이 시기를 다루는 두 책의 목적은 아주 다르다. 룻기의 초점은 좁은 반면(나오미, 룻, 그리고 보아스의 이야기를 하다가 다윗의 가계에 관한 이야기로 끝난다), 사사기의 초점은 훨씬 넓다. 사사기는 사사들의 시대에 발생한 모든 사건의 이야기를 전해 주지는 않는다. 하지만 사사기는 (여호수아에서 이야기되는) 정복 시대와 (사무엘상·하가 전하는) 이스라엘에서 통일 군주제가 등장하는 시대 사이의 역사적 공백을 메우는 역할을 해 준다. 그러므로 이스라엘 역사에서 각 부족이 약속의 땅에 정착한 이후이지만 아직 사울과 그를 이은 다윗의 왕권이 확립되기 이전의 시기를 들여다볼 수 있는 창문을 제공해 준다.

제공된 하나님의 약속; 확립된 이스라엘의 소명

성경의 이야기를 사사들의 시대까지 추적해 올라간다면, 이스라엘의 이야기에 대한 중요한 토대가 일찍부터 놓이고 있음을 알 수 있다. 창세기 12장에서 여호와는 아브라함에게 그동안 그에게 안전, 안정, 그리고 (땅, 사회, 그리고 가족을 포함하는) 정체성을 제공해 주었던 모든 것을 버리고 미지의 장소로 떠나라고 명하신다. 하나님은 아브라함을 부르실 뿐 아니라 특별한 복을 주겠다고 약속하신다.

> 너는 너의 고향과 친척과 아버지의 집을 떠나
>   내가 네게 보여 줄 땅으로 가라

> 내가 너로 큰 민족을 이루고
> 네게 복을 주어 네 이름을 창대하게 하리니
> 너는 복이 될지라
> 너를 축복하는 자에게는 내가 복을 내리고
> 너를 저주하는 자에게는 내가 저주하리니
> 땅의 모든 족속이 너로 말미암아 복을 얻을 것이라
> (창 12:1-3)

데이비드 클라인스(David J. A. Clines)는 족장들에 대한 약속이 (1) 후세, (2) 하나님과의 관계, 그리고 (3) 땅의 소유로 이루어진다고 요약한다. 다시 말해, 아브라함과 그의 자손들은 크고 많은 나라가 될 것이다(후세). 그들은 하나님과 그리고 서로 (그리고 열방과) 복된 관계를 누리게 될 것이다. 또한 고향 - 그들이 세상을 향한 하나님의 뜻을 이루며 살아갈, 그리고 자신들의 것이라고 부를 땅 - 을 얻게 될 것이다.

그러나 아브라함에 대한 하나님의 부르심 역시 그 이야기의 시작이 아니다. 우리는 이 뿌리를 창세기 1-11장까지 추적할 수 있다. 창세기의 처음 장들은 창조주 왕의 왕국과 그 왕국 백성의 수립에 대해 설명해 준다. 하나님은 선하고, 조화롭고, 생동감 있는 세상을 창조하신다. 자신의 형상을 따라 사람을 지으시고 그들에게 그분의 왕국을 가꾸고 돌보는 과업을 맡기신다. 그러나 최초의 인간들은 하나님처럼 되는 것에 만족하지 못했고 스스로 하나님이 되기로 했다. 그들은 왕께 반역했고 세상을 혼돈 속으로 밀어 넣었다.

창세기 4-11장은 세상 속으로 죄와 반역이 들어온 것과 이에 대한 하나님의 대응-심판과 자비 두 가지를 모두 동원한 대응-을 이야기한다. 인간과 하나님 사이의, 인간들 사이의, 그리고 인간과 창조 세계 사이의 조화로운 관계는 회복할 수 없을 만큼 깨진 것으로 보였다. 그러나 하나님은 자신이 만드신 세상을 멸절하지 않으셨다. 세상에 복을 주시려는 그분의 의도는 여전히 남아 있었다. 아브라함에게 주신 약속-그와 그의 후손을 큰 민족으로 만드시는 것, 복된 관계를 세우시는 것, 그리고 그에게 땅을 주시는 것-은 세상을 위한 그분의 선한 의도가 승리하는 것을 보고자 하셨던 큰 계획의 일부였다. 결론은 창세기 3:14-19에 나오는 저주가 아니라 하나님과의 언약 관계가 약속하는 복이다.

클라인스에 따르면, 이런 약속들은 모세오경(창세기-신명기)의 구조 안에 섞여 있으나 다른 부분들에서 두드러지게 나타난다. 실제로 클라인스는 모세오경 전체의 주제를 "족장들에게 주어진 약속의 부분적인 성취"라고 옳게 그리고 유익하게 설명한다.[4] 아브

---

4 David J. A. Clines, *The Theme of the Pentateuch*, 2nd ed. (Sheffield: Sheffield Academic Press, 1997), 30.

라함을 큰 민족으로 만드시겠다는 하나님의 약속은 창세기의 모든 페이지에 두드러지게 나타난다. 실제로 출애굽기로 넘어가 보면 이스라엘 백성이 그 수가 아주 많아져 애굽에 있는 그들의 거주지의 경계 너머로까지 흘러넘친다. 복된 관계를 세우시겠노라는 하나님의 약속은 특히 애굽으로부터 이스라엘을 빼내실 때 성취되었다. 시내산에서 하나님은 이스라엘에게 새로운 정체성을 부여하신다. 그들은 "제사장 나라와 거룩한 백성"이 되어야 한다(출 19:6). 시내산 언약-내가 "거룩한 백성과 제사장 나라를 위한 선언문"(Manifesto for a Holy Nation and a Priestly Kingdom)이라고 부르는-은 여호와와 이스라엘의 관계의 본질과 백성이 새로운 정체성을 따라 살아가야 할 방법을 간결하게 설명한다. 출애굽기와 레위기는 아브라함에 대한 약속의 이 두 번째 측면을 설명해 준다. 민수기의 도입부를 보면 그 약속 중 아직 실현되지 않은 요소는 땅뿐이다.

유감스럽게도 이스라엘 백성은 반역했다. 그로 인해 약속의 땅으로 곧장 들어가지 못하고 40년에 걸쳐 광야를 떠돌며 배회한다. 민수기의 끝부분을 보면 백성이 출발했던 곳으로 되돌아온 후 다시 약속의 땅을 향해 나아간다. 신명기에서 이스라엘 백성은 모압 평지에서 약속의 땅을 바라본다. 신명기에는 그 땅으로 건너가기 전에 모세가 마지막으로 그 백성에게 주는 가르침의 내용이 포함되어 있다. 민수기와 신명기는 약속의 땅에 대해 아주 많은 말을 한다. 그러나 신명기 끝에서도 그 약속은 아직 실현되지 않고 있다.

거룩한 백성과 제사장 나라를 위한 선언문

여호와께서는 바로를 물리치심으로써 신적 왕으로서의 자신의 정당한 지위를 과시하셨고 자기 백성 이스라엘을 압제적인 강탈자인 바로의 손아귀에서 건져 내셨다. 이 구속의 기초 위에서 백성에게 새로운 정체성을 부여하셨다. 그들은 "거룩한 백성"과 "제사장 나라"가 되어야 한다. 거룩해진다는 것은 다른 나라들과 구별되고, 어떤 목적을 위해 구별되리라는 것을 의미했다. 또한 그들은 제사장 나라가 되어야 했다. 하나님이 아브라함에게 주신 약속, 즉 그의 후손을 통해 열방이 복을 받게 되리라는 약속을 입증하면서 여호와의 복을 열방에 중재해야 한다는 것이다.

그렇다면 하나님의 백성은 (제사장적 입장에서) 열방에 복을 전하기 위해 열방과 (거룩하게) 분리되는 그 아슬아슬한 줄타기를 어떻게 해 나가야 하는가? 바로 이 점이 시내산 언약의 조항들이 말하고자 하는 내용이다. 그 조항들은 그들이 온 세상의 번영을 위해 인간과 세상을 향한 여호와의 선한 뜻을 따라 살아가는 데 필요한 지침이다. 패트릭 밀러(Patrick Miller)가 십계명에 대해 말한 내용은 시내산 언약 전체에 대해서도 적용될 수 있다. "십계명은 창조 세계와 공동체의 보존을 위해, 그리고 선한 이웃을 만들어 내기 위해 주어졌다."[5] 그것은 해야 할 일과 하지 말아야 할 일의 목록을 훨씬 넘어서는 그 무엇이다. 이스라엘 백성이 번성하고 그 번성이 이웃한 열방으로 흘러넘치게 하기 위한 수단이다. 만약 이스라엘이 거룩한 백성과 제사장 나라를 위한 선언문을 따른다면, 인간을 위한 여호와의 뜻을 드러내는 사회, 그리고 이웃한 열방을 이끌어 역시 여호와의 복을 누리게 할 사회가 나타나리라고 기대할 수 있을 것이다.

---

5 Patrick Miller, *The Ten Commandments* (Louisville: Westminster John Knox Press, 2009), 276.

여호수아서에서 그 백성은 요단강을 건넌다. 그리고 정복 시대가 시작된다. 여호와께서는 이스라엘의 열두 부족보다 앞서가시면서 그들이 그 땅을 차지하도록 도우신다. 여호수아 13-21장은 각 부족에게 그 땅을 배분하고 경계를 정하는 문제를 공들여 상세하게 설명한다. 이렇게 반복적인 상세한 설명들은 도대체 무엇을 위한 것인가? 땅을 분배하는 문제에 할당된 지면의 양은 그 문제의 중요성을 보여 준다. 하나님이 아브라함에게 하신 마지막 약속이 이제 실현된다는 것이다.

이 약속의 가장 중요한 측면 – 사실상 하나님이 아브라함과 그의 후손들을 택하신 궁극적 목적 – 은 그들이 열방(이방인들)을 위한 축복의 통로가 되는 것이었다. 창세기 12:3에 나오는, 아브라함에 대한 약속의 목표가 "땅의 모든 족속이 너로 말미암아 복을 얻을 것이라"라는 것임에 주목하라. 이 말들은 하나님이 아브라함, 이삭, 그리고 야곱과 더불어 언약을 맺고 그 언약의 내용을 다시 확언하실 때 반복된다(창 18:17-19; 22:15-18; 26:3-4; 28:13-14을 보라). 심지어 갈라디아서 3:8에서 바울은 아브라함에게 주신 이 약속의 말들에서 복음의 핵심을 발견할 수 있다고 언급한다.

더 나아가 시내산에서 이스라엘에게 주어졌던, 제사장 나라와 거룩한 백성이 되라는 명령은 축복의 통로가 되라는 명백한 명령이었다. 이방 나라들과 구별되는 나라(거룩한 백성)가 됨으로써 열방에 여호와의 복과 그분의 뜻을 중재해야 한다. 백성은 열방이 복된 생활을 경험하기 위해 이스라엘로 나아오게 하는 일종의 전시 국가(a display nation), 즉 의, 정의, 억압받는 이들을 위한 자비, 그리고 샬롬(구약성경에서 종합적인 번영을 뜻하는 풍성한 개념)이라는 특징을 지닌 사회가 되어야 했다.

여호수아서는 언약 갱신 의식으로 끝나는데, 거기에서 여호수아는 마지막 연설을 하면서 언약의 왕이신 여호와께 충성하라고 백성에게 당부한다. 또한 여호와께 충성을 맹세하라고 촉구한다. 그들은 가나안의 신들을 섬길 것인가, 아니면 왕이신 여호와께 충성을 바칠 것인가?(수 24:15) 이스라엘 회중은 세 차례에 걸쳐 "우리가 여호와를 섬기리이다"라고 자신들의 뜻을 열정적으로 표현한다(수 24:18, 21, 24). 이런 말들이 그들의 귀를 울리고 있는 동안에 우리는 사사기로 넘어간다. 역사의 이 중요한 순간에 우리는 틀림없이 기대와 소망에 대한 강한 신념으로 가득 찰 것이다. 하나님이 아브라함과 그의 후손에게 주셨던 모든 약속이 성취되었다. 여호와의 백성이 여호와를 섬기는 일에 헌신하고 있다. 그리고 이제 그들은 제사장 나라와 거룩한 백성이 되어 새로운 나라를 번성하게 하고 이방 나라들에게 여호와의 복을 중재할 준비가 되어 있다.

성취된 하나님의 약속; 무시된 이스라엘의 소명

사사기에 접근하면서 갖게 되는 갈망 어린 기대는 그 책에서 마주하는 내용을 더욱더 충격적이게 한다. 여호수아와 이스라엘을 위하여 행하신 여호와의 강력한 행위를 목격했던 모든 이가 죽은 후에 여호와와 과거에 이스라엘을 위한 그분의 돌보심에 대해 알지 못하는 세대가 출현하였다(2:6-10). 여호와를 섬겼던 그들의 직전 조상들과 달리 이 세대는 여호와를 버리고 주변의 가나안 부족들의 신들인 "바알을 섬겼다"(2:11-13). 그리고 이스라엘 백성은 가나안의 신들을 섬기면서 그들의 성품과 행위의 측면에서 점점 더 가나안 사람들처럼 되었다. 실제로 어느 저자는 사사기의 주제가 사사 시대에 일어났던 이스라엘의 가나안화라고 주장한다(이 책의 5장을 보라).[6] 사사기를 성경의 장대한 이야기 속에 놓고 살펴보면, 이것이 얼마나 비극적인 일인지 알 수 있다. 이스라엘의 소명에서 근본적인 것은 그들이 주변의 열방들과 구별된 나라가 되어야 한다는 것이었다. 그러나 소명을 이루는 데 필요한 모든 것이 갖추어졌을 때, 이스라엘은 오히려 그 이방 나라들의 모습을 점점 더 따라하기 시작했다.

사무엘상의 처음 장들은 이스라엘에서 사사 시대가 끝나고 군주 시대가 출범했음을 알려 준다. 이스라엘 백성이 왕을 요구하게

---

6 Block, *Judges, Ruth*, 58.

된 동기는 그들이 가나안화되었음을 더욱 잘 보여 준다. 그들은 "모든 나라와 같이" 될 수 있기 위해 왕을 바란다고 반복

> 소명을 이루는 데 필요한 모든 것이 갖추어졌을 때, 이스라엘은 오히려 그 이방 나라들의 모습을 점점 더 따라하기 시작했다.

해서 말한다(삼상 8:5, 20). 그들은 왕을 얻는다. 그리고 역사가 전개되면서 여호와와 자신들의 소명을 저버리는 패턴을 반복해 나간다. 언약에 따르는 모든 복을 바랐으나 의무는 아무것도 지려 하지 않았다. 결국 여호와를 따르는 일에서 실패함으로써 여호와의 복의 중재자가 될 모든 기회를 놓쳐 버리고 말았다.

하나님의 백성에게 언약의 저주가 떨어졌다(신 28장을 보라). 그들이 우상을 숭배하고, 불법을 저지르며, 부도덕한 행위를 계속해 나갔기 때문이었다. 오랜 시간 동안 여호와께서는 약속을 취소하셨고 이스라엘 백성은 포로가 되었다.[7] 바벨론에서 하나님의 백성은 더 이상 위대한 나라가 아니라 이방 땅에서 이방의 지배를 받는, 정복당한 분열된 민족에 불과했다. 복된 관계는 먼 과거의 이상에 불과한 듯 보였다. 그러나 이 어두운 시간에도 여전히 희망이 존재했다. 이 상황에서 예언자 예레미야를 통해 여호와의 말씀이 포로 된 하나님의 백성에게 선포되었고, 그 말씀은 그들에게

---

[7] 북왕국은 주전 722년에 앗수르 제국에게 멸망했고, 바벨론은 주전 586년에 남왕국을 파멸시켰다.

소명을 일깨워 주었다. 그 예언의 핵심은 이렇게 집약된다.

> 바벨론에서 편안하게 지내면서 그곳 백성의 샬롬을 구하고 네가 처한 곳에 머물라. 과거에 나는 너를 큰 나라로 만들고, 너에게 네 소유의 땅을 주고, 너와 나 사이에 복된 관계를 세우겠다고 약속했다. 하지만 그것들은 어떤 목적을 위한 수단에 불과했다. 그 목적은 네가 열방에 복을 전하는 것이었다. 너는 모든 약속을 갖추고 복의 통로가 되는 너의 소명을 이루지 못했다. 복에 대한 모든 약속이 철회되었으니, 제사장 나라로서 행동하기를 시작하라. 왜냐하면 너의 공공연한 적의 샬롬을 구할 때 너는 샬롬을 얻게 될 것이기 때문이다!(렘 29:4-14)[8]

포로로 끌려갔던 곳으로부터 최종적인 귀환이 이루어졌음에도 하나님의 백성이 기대했던 샬롬과 번영은 나타나지 않았고 그들이 복의 통로인 것도 입증되지 않았다. 오히려 그들은 점점 더 내향적이고 분파적이 되었다.

▎성경의 이야기

바르톨로뮤(Craig G. Bartholomew)와 고힌(Michael W. Goheen)에 따르면,

---

8 인용된 구절에 기초해 약간의 해석적 주석을 곁들인 내 의역이다. 일부는 인용된 성경 본문을 반복한다. 하지만 나는 그 예언의 핵심을 나 자신의 언어로 설명하고 있는 중이다.

> 성경의 장대한 이야기의 윤곽은 아래와 같다.[9]
>
> 1막: 하나님이 자신의 나라를 세우시다—창조
> 2막: 하나님의 나라 안에서 일어난 반역—타락
> 3막: 왕이 이스라엘을 선택하시다—구속의 시작
>   1장: 왕을 위한 백성
>   2장: 백성을 위한 땅
> 막간: 종말을 기다리는 하나님 나라 이야기—중간기
> 4막: 왕의 오심—성취된 구속
> 5막: 왕에 관한 소식의 전파—교회의 사명
> 6막: 왕의 재림—완성된 구속

그러나 하나님의 백성은 로마의 유대 지방의 한 작은 마을 출신인 어느 별 볼 일 없는 부부에게서 아기가 태어날 때까지 여호와의 귀환, 자유, 정치적 독립, 그리고 샬롬에 대한 강렬한 갈망을 발전시켰다. 역설적이게도 그들이 가진 비전은 베들레헴의 말구유에서 나신 구세주에게는 너무 작았다. 하나님의 나라에 대한 예수님의 비전은 팔레스타인에 있는 땅 한 조각에 국한되지 않았고 우주 전체를 포함했다. 하나님의 백성에 대한 그분의 비전은 어느 한 민족에 국한되지 않았고 모든 나라와 민족과 언어를 포괄했다. 그리고 그분의 우주적 나라를 이루는

> 사사기에서 하나님의 백성이 추구해야 했던 나라는 메시아 예수 안에서 구현되었다.

---

9 Craig G. Bartholomew and Michael W. Goheen, *The Drama of Scripture: Finding Our Place in the Biblical Story*, 2nd ed. (Grand Rapids: Baker Academic, 2014). 『성경은 드라마다』, IVP.

수단은 칼이 아니라 십자가였다. 즉 군사력이 아니라 겸손, 희생, 그리고 섬김이었다.

사사기(와 구약성경 전체)에서 하나님의 백성이 추구해야 했던 나라는 메시아 예수 안에서 구현되었다. 그분의 삶과 사역, 죽음, 부활, 그리고 승귀는 하나님의 나라를 완성했고 모든 열방을 위한 복의 보증이 되었다. 예수님은 하나님의 우편으로 오르시기 전에 그분의 교회에게 자신이 돌아올 때까지, 즉 하늘과 땅이 다시 연합되고 영원한 평화의 나라가 세워질 때까지 하나님의 나라에 대한 자신의 사명을 계속해 나가도록 위임하셨다. 이 영화로운 왕국에서 열방은 하나님과 어린양의 임재의 빛을 즐기고(계 21:24) 생명나무 잎사귀로 치유될 것이다(계 22:2).

온 세상에 관한 참된 이야기라는 맥락에서 사사기 읽기

성경의 포괄적인 이야기라는 맥락 안에서 사사기를 이해하는 것은 세상에 중요한 영향을 미친다. 사사기는 단순히 오래된 이야기들의 흥미로운 모음집이 아니라 "온 세상에 관한 참된 이야기"[10], 즉 오늘 우리가 속해 있는 이야기의 한 장이다. 정착기에 이

---

10 Craig G. Bartholomew and Michael W. Goheen, *The True Story of the Whole World: Finding Your Place in the Biblical Drama* (Grand Rapids: Faith Alive, 2009).

스라엘 지파들을 향한 - 온 세상의 번영과 복과 샬롬을 위한 - 여호와의 계획은 창세기 1장과 2장에 등장하는 모든 창조 세계의 번영을 원하시는 애초의 계획에 그 뿌리를 두고 있다. 약속의 땅에서 하나님의 계획은 인간들이 그분의 세계를 소중히 여기고 즐기는 것, 백성이 하나님에 대한 사랑과 이웃에 대한 사랑에 뿌리를 둔 사회의 모델을 만드는 것, 그리고 모든 백성이 그분의 사랑스러운 통치 아래에서 살아가는 복된 기회를 얻는 것이었다.

물론 이스라엘은 하나님의 통치 아래에 있는 하나님의 세계 안에서 살아가는 하나님의 백성에 대하여 문화적으로 그리고 역사적으로 착근된 한 예다.[11] 그러나 사사기는 21세기의 독자들에게 자기 백성을 위한 하나님의 의도를 묘사해 주고, 백성이 소명을 따라 살지 못할 때 발생하는 황폐한 결과들 - 하나님의 백성뿐 아니라 우리와 창조 세계를 둘러싸고 있는 불신앙적인 문화에도 영향을 미치는 결과들 - 에 대한 경고를 제공한다.

사사기를 "온 세상에 관한 참된 이야기"라는 맥락 안에 위치시킴으로써 우리는 다음과 같이 묻기 시작할 수 있다. 하나님의 구속 계획의 역사 속에서 지금은 몇 시인가? 이 질문은 사사기의 메

---

11 Graeme Goldsworthy, *The Goldsworthy Trilogy: Gospel and Kingdom; Gospel and Wisdom; The Gospel in Revelation* (Eugene: Wipf & Stock, 2000), 51-57.

> 사사기는 불신앙적인 문화 안에서 하나님의 백성으로 살아가는 이들이 부딪히는 심각한 도전들을 냉혹하게 상기시켜 준다.

시지를 하나님의 구속 이야기 안에 있는 우리의 위치라는 맥락에서 듣도록 돕는 중요한 질문이다. 예컨대, 오늘날 교회는 하나님의 통치 아래에서 살아가는 한 나라가 아니며 오히려 우리가 하나님의 통치 아래에서 살아가는 신자들의 공동체다. 우리는 오늘날 그리스도인들의 삶 속에서 하나님의 통치가 정착기와는 다른 방식으로 이루어지고 있음을 인식할 필요가 있다. 다른 예를 하나 들어 보자. 이스라엘을 덫에 계속 빠지게 했던 가나안 문화의 나무로 만든 우상과 돌로 만든 우상들은 오늘날 그리스도인들이 마주하는 우상들이 아니다. 그러나 오늘날의 소비주의, 도덕적 상대주의, 그리고 기타 여러 가지 우상은 그 시대의 우상보다 결코 덜 매력적이거나 하나님의 백성과 하나님의 계획에 대해 결코 덜 파괴적이지 않다.[12] 사사기는 불신앙적인 문화 안에서 하나님의 백성으로 살아가는 이들이 부딪히는 심각한 도전들을 냉혹하게 상기시켜 준다.

그러나 하나의 나라로서의 이스라엘이 실패한 곳에서 예수님이 승리하셨다. 예수님은 하나님의 나라를 선포하고, 구현하고, 궁극

---

12 Bob Goudzwaard, *Idols of Our Time* (Downers Grove: InterVarsity Press, 1984, 『현대·우상 이데올로기』, IVP)을 보라.

적으로 성취하셨다. 그분에게 합당한 보좌를 취하기 위해 하늘로 오르시기 전에 예수님은 제자들에게 다음과 같이 말씀하셨다. "아버지께서 나를 보내신 것 같이 나도 너희를 보내노라"(요 20:21). 21세기에 하나님의 백성으로 살아가는 우리 역시 하나님의 나라에 관한 복음을 따라 살고, 그것에 관해 말하고, 그것을 구현하라는 부르심을 받고 있다.

| 읽어 볼 글들 |

- 창세기 12:1-9; 출애굽기 19:3-6; 예레미야 29:4-14; 요한계시록 21:22-22:5
- 사사기 2:1-36

| 생각해 볼 질문 |

01 성경을 하나의 이야기로 여겨 본 적이 있는가? 창세기 12:1-3에서 아브라함에게 주어진 약속이 성경의 다른 부분들—창조(창 1-2장)와 타락(창 3장)에 관한 이야기, 모세오경의 나머지 부분, 사사기, 그리고 복음서들—과 어떻게 연결되는지 생각해 보라.

02 하나님이 이스라엘을 부르신 목적이 무엇이었는가? 그리고 이스라엘은 그 부르심을 얼마나 성실하게 이행했는가?

03 장대한 이야기라는 성경의 맥락에서 사사기를 이해하는 것이 왜 중요한가? 당신은 이 큰 맥락에서 사사기를 어떤 방식으로 이해하는가?

/ 3장 /

사사기의 구조: 사이클, 나선형 하강, 순환

사사기 전체의 구조는 복잡하지 않다. 서론(1:1-3:6), 본론(3:7-16:31), 그리고 결론(17:1-21:25)으로 이루어진다. 그러나 전체적으로 나타나는 패턴은 이 기본 구조를 넘어서며 또한 이 구조가 사사기의 메시지를 강화하도록 신중하게 만들어지고 정교하게 배열되었음을 보여 준다. 기억하라. 성령께서 인간 저자와 역동적으로 동역하신다. 그러므로 성경 문학의 내용뿐 아니라 저자들이 성경을 쓰면서 사용한 형식과 기법들에 주목한다면, 그 본문을 더 잘 이해하고 적용하는 데 도움을 얻을 수 있다.

이 장에서는 사사기의 기본 구조를 강화하는 구조적인 층들을 면밀하게 살펴볼 것이다. 첫째, 본론 부분에 나오는, 주석가들이 "사사기의 사이클"(the cycle of Judges)이라고 부르는 것을 자

> 사사기에서 하나님의 백성은 통제되지 않은 상태로 목표 없이 방황한다. 이 구조는 그 사실을 강조한다.

세히 살펴볼 것이다. 다음으로, 그 일련의 사이클이 반복적인 사이클이 아니라 나선형 하강(downward spiral)으로 보이는 것에 대해 살펴볼 것이다. 그 다음으로, 사사기의 끝부분의 내용이 그 책의 시작 부분을 떠올리게 함으로써 책 전체의 순환 구조(circular structure)를 만들어 내는 여러 가지 방식을 확인할 것이다. 마지막으로, 사사기를 이해하는 데 있어 이 요소들이 갖는 의미를 살펴볼 것이다. 비록 사사기의 기본 구조가 복잡하지는 않을지라도, 사이클들, 나선들, 그리고 순환들은 우리로 하여금 길을 잃어버리게 할 수 있다. 바로 이 점이 중요하다. 사사기에서 하나님의 백성은 통제되지 않은 상태로 목표 없이 방황한다. 이 구조는 그 사실을 강조한다.

사사기의 사이클

사사기의 본론 부분은 여섯 단락의 이야기들로 이루어져 있다. 각 단락은 핵심적인 구원자를 제시한다. 옷니엘, 에훗, 드보라(바락/야엘 협연), 기드온(과 그의 아들 아비멜렉), 입다, 그리고 삼손이다. 또한 소사사들에 대해서도 간략하게 언급하는데 이 부분들은 사사기의 사이클 밖에 놓여 있다. 이 여섯 개의 중요한 이야기 단락들은 서론 부분에서 이미 선포된 어떤 일반적인 패턴을 따른다

(2:6-3:6). 그 패턴은 아래와 같다.

1. 이스라엘이 하나님을 버리고 열방의 신들을 섬김으로써 "여호와 보시기에 악한" 일을 행한다.
2. 이스라엘의 행위가 여호와의 진노를 불러일으키고, 그분은 이스라엘에 맞서는 외적들을 보내어 그들을 억압하신다.
3. 이스라엘 백성이 구원을 얻기 위해 여호와께 부르짖는다.
4. 여호와께서 적들로부터 백성을 구원할 사사들을 일으키신다.
5. 그 땅이 특정한 기간 동안 "쉼을 얻는다"(즉. 평안을 경험한다).

이런 패턴이 사사기 전체를 통해 반복되기에, 종종 "사사기의 사이클"이라고 불린다.

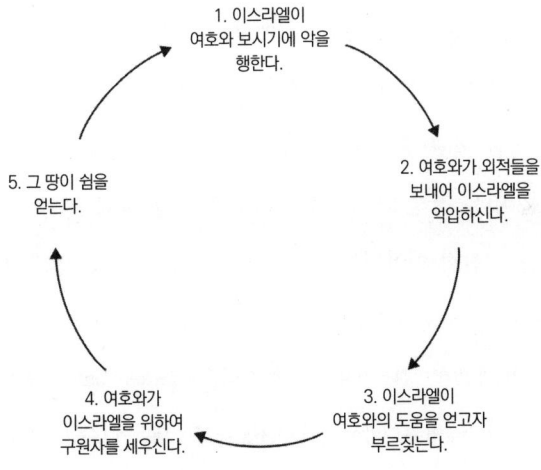

문학에서 구조적 패턴은 본문에 형태를 부여한다. 이 패턴들이 중요한 이유는 독자들로 하여금 어떤 기대를 하게 하기 때문이다. 인식하든 하지 않든, 그러한 패턴을 따라 본문을 읽어 나갈 때 우리는 무언가를 기대하게 된다. 예컨대, 만약 A-B라는 구조를 만난다면, 이어서 C가 나타날 것을 기대하는 식이다. 그런데 만약 A가 다시 나오면, 우리는 작동하고 있던 패턴에 대한 스스로의 평가를 조정한다. 독서의 중요한 한 측면은 패턴들에 대해 역동적으로 반응하는 것이다.

그러나 대개 구조적 패턴은 절대적인 일관성이 있지는 않다. 아주 재미있고 오래 사랑받는 동화들 중 몇은 어떤 패턴을 따라다가 끝에 가서 그 패턴을 뒤엎는다. 예컨대, 닥터 수스(Dr. Seuss)의 *Green Eggs and Ham*(녹색 달걀과 햄)을 생각해 보라. 그 책의 끝부분에서 나타나는 유쾌한 놀람-주인공이 마침내 녹색 달걀과 햄을 먹고 즐긴다-은 책 전반에 걸쳐 주인공이 그 음식을 맛보는 것을 점점 더 교묘히 거부하는 것을 통해 설정된 것이다. 수많은 고전적 이야기들이 유사한 구조를 가지고 있다(예를 들어, *Gingerbread Man*[진저브레드 맨, 오븐에서 뛰쳐나와 재빠르게 도망치는 생강 쿠키에 관한 이야기-역자 주], '치킨 리틀'[Chicken Little, 마을의 골칫거리였던 치킨 리틀이 우여곡절 끝에 마을을 구하는 내용의 디즈니 애니메이션-역자 주], 그리고 『아기 돼지 삼형제』[*Three Little Pigs*] 같은 이야기들). 이 이야기의 저자들은 구조적 패턴을 사용해 어떤 기대감을 조성할 뿐만 아니라 그 기대감을 깨뜨려 버리기도 한다.

> 사사기의 문학적 기법의 상세한 부분들에 주목하는 일은 그 책의 메시지를 듣고 이해하는 능력을 향상해 줄 것이다.

이 모든 것이 사사기와 무슨 관계가 있을까? 사사기는 단지 문학이 아니다. 동화나 우화가 결코 아니다. 오히려 정교하게 조합된 역사적 이야기다. 사사기는 정착기의 사건들을 배열하고 전달하는 데 엄청나게 공을 들인다. 사사기의 문학적 기법의 상세한 부분들에 주목하는 일은 그 책의 메시지를 듣고 이해하는 능력을 향상해 줄 것이다.

더 나아가, 사사기가 애초에 구전 문화권 사람들을 위해 기록되었음을 염두에 두어야 한다. 오늘 우리는 성경을 읽을 때 너무도 자주, 거실에서 어슬렁거리면서 혹은 책상에 앉아서 개인적으로 그리고 혼자서 읽는다. 애초의 청중은 사사기를 결코 그렇게 읽지 않았고 오히려 어떤 이가 큰 소리로 읽거나 암송하는 것을 들었을 것이다. 왕들이 다스리던 시절의 성읍 광장이든, 바벨론 강가의 모닥불 주변이든, 포로로 끌려갔던 곳에서 귀환한 후의 예루살렘 성읍의 광장이든, 혹은 회당이든, 어느 한 장소에 여러 세대의 사람들이 모여서 사사기에 실려 있는 하나님의 말씀을 경청하는 모습을 상상해 보라. 이스라엘처럼 구전 문화가 발달된 곳에서는 청중이 이야기의 패턴에 민감하게 반응했을 것이고, 그 패턴에서 아주 사소하게 이탈하는 것에도 지극히 민감했을 것이다. 그리하여 그 시대의 저자들은 아주 신중하게 반복이라는 패턴을 사용했다. 사사기의 저자도 예외는 아니다.

그렇다면 이 모든 것을 통해, 사사기에서 분명하게 드러나는 이 순환적 패턴과 관련해 어떤 결론을 내릴 수 있는가? 첫째, 저자는 다섯 단계의 순환 패턴이라는 수단을 사용하여 정착기의 설명을 구조화하는 일에 엄청난 노력을 쏟고 있다는 것이다. 서론조차 이 순환 패턴을 선언하고, 본론 부분에서는 사사기의 사이클이 여섯 차례의 "회전"(turn)을 할 것을 예견한다. 둘째, 대부분의 좋은 문학들처럼, 사사기는 정해진 패턴에서 벗어난다. 때때로 그 사이클 중 한두 가지 요소가 사라지거나 변경된다. 이와 같은 이탈은 신중하게 의도된 것이며 따라서 사사기를 이해하는 데 항상 중요하다. 이러한 방식으로, 사사기의 형태의 세부 사항은 사사기의 메시지를 강화한다.

나선형 하강

사사기에서 거듭 반복되는 다양한 문구들과 행위들은 어떤 순환 패턴을 보여 준다. 또한 고정된 패턴으로부터의 다양한 이탈은 우리가 사사기의 사이클을 나선형 하강(downward spiral)으로 이해하는 것이 최선임을 보여 준다. 예컨대, 그 여섯 개의 사이클 각각에서 틀림없이 나타나는 하나의 요소는 몇 가지 형태로 변형된 "이스라엘 자손이 여호와의 목전에 악을 행했다"라는 구절이다 (3:7, 12; 4:1; 6:1; 10:6; 13:1). 매번 이스라엘의 악행이 그 사이클을 출범시킨다. 독자들은 이 지속적인 패턴으로부터, 범죄하고 언약에 불성실했던 이스라엘의 성향이 정착기의 한 가지 상수(常數)였다는, 슬프지만 틀림없는 결론을 이끌어 낼 수 있다. 여호와께서 이스라엘의 반역을 징계하시는 수단으로 가나안 민족들을 사용하시는 것 역시 동일하게 지속적이다. 그렇게 각 사이클 안에서 여호와께서는 이스라엘을 그들의 적들에게 일정 기간 동안 넘기신다.

사이클의 세 번째 회전에서는 예상했던 순환 패턴이 처음으로 이탈한다. 드보라, 바락, 그리고 야엘의 이야기에서는 "그리고 여호와께서 [사사를] 일으키셨다"라는 정형화된 문구가 나타나지 않는다. 그러나 이 경우에도 여호와께서 구원자를 일으키셨다는 사실은, 비록 그 이야기의 끝에 가서야 비로소 구원자가 누구인지 알게 되지만(4:17-22), 이야기 속에 이미 내포되어 있다. 이 요소는 또한 기드온의 사이클에서도 빠져 있다. 그러나 여호와께서 기드온을 일으키셨다고 여겨야 한다. 왜냐하면 그 사이클 속에는 예상했던 표현 대신에 여호와께서 기드온을 부르시는 긴 이야기가 들어 있기 때문이다(6:11-40).

사사기의 사이클은 입다의 이야기에서 기준에서 더 많이 이탈한다. 여기에서는 세 번째 요소(이스라엘이 도움을 얻기 위해 부르짖음)가 나타나기는 하나 예상하지 못했던 형식과 내용으로 등장한다. 그동안 화자는 이스라엘 백성이 "여호와께 부르짖었다"라고 간단하게 말해 왔다. 하지만 입다의 이야기에서 백성은 부르짖고, 자신들의 죄를 고백하고, 이방 신을 섬기는 일을 중단하기로 결단한다. 이는 우리가 알기로는 이스라엘 백성이 문제를 인식하고 그것을 처리하기 위해 행동을 취한 첫 번째 경우다. 그러나 이 행동은 너무 약하고 너무 늦은 것처럼 보인다. 입다의 이야기에서는 사이클의 네 번째 요소가 나타나지 않으며, 여호와께서는 실제로도 이스라엘 백성을 구하지 않으시겠다는 결심을 표명하신다. "너희가 나를 버리고 다른 신들을 섬기니 그러므로 내가 다시는 너희를 구원하지 아니하리라 가서 너희가 택한 신들에게 부르짖어 너희의 환난 때에 그들이 너희를 구원하게 하라 하신지라"(10:13-14). 여호와께서는 구원자를 일으키지 않으신다. 대신에 그 이야기는 백성 스스로 자신들을 구원하기 위해 입다를 일으켜 세웠음을 분명하게 밝힌다. 사사기의 사이클에서 최초로 다섯 번째 요소가 생략된 것이다. 이것은 실수가 아니라 당시의 상황의 엄중함을 보여준다. 입다는 여호와가 택하신 구원자가 아니었다. 그는 백성이 선택한 자였다. 비록 여호와께서 입다를 통해 일하셨으나(11:29), 하나님의 백성은 악한 행실을 계속했고 자신들의 구원자를 스스로 택했기에 평화를 기대할 수 없었다.

삼손의 이야기에 이르러 사사기의 사이클은 거의 완전하게 붕괴된다. 이스라엘 백성이 여호와 보시기에 악을 행하고, 여호와께서 그들을 블레셋 사람들에게 넘기신다(사이클의 첫 번째와 두 번째 요소들). 그러나 이번에는 처음으로, 그런 상황에서조차 이스라엘 백성이 여호와께 도움을 요청하지 않는다. 여호와께서 구해 주지 않으실 것이라고, 혹은 구하실 수 없다고 여겼던 것일까? 여호와가 계신다는 사실을 알기라도 했을까? 그들은 운명을 그저 받아들였던 것일까? 이스라엘 백성이 여호와께 부르짖지 않았던 것은 독자인 우리로서는 아주 골치 아픈 문제이고 심각한 질문들을 제기할 수밖에 없다. 그리고 삼손의 이야기에서는 여호와께서 구원자를 일으키신다는 공식적인 말 역시 나타나지 않는다. 자식이 없었던 삼손의 부모에게 하나님의 사자가 아들이 태어나리라고 알리는 장면을 통해 우리의 기대감이 올라가기는 할지라도(13:1-25), 그 사자는 삼손이 단지 이스라엘을 적들의 손에서 구하기 **시작할 뿐**임을 분명하게 전한다(13:5). 예견되었듯이, 삼손은 블레셋 사람들과 닥치는 대로 싸워서 소규모의 승리를 거두었다. 하지만 그의 종국적인 실패로 인해 삼손의 이야기에서는 그 사이클의 다섯 번째이자 마지막 요소 역시 나타나지 않는다. 삼손의 리더십에도 불구하고 그 땅에는 평안이 없었다.

사사들의 개별적인 이야기에 들어 있는 사이클의 요소들

	1	2	3	4	5
옷니엘	있음	있음	있음	있음	있음
에훗	있음	있음	있음	있음	있음
드보라	있음	있음	있음	없음 (그러나 암시됨)	있음
기드온	있음	있음	있음	없음 (그러나 암시됨)	있음
입다	있음	있음	있음 (그러나 더욱 포괄적임)	없음	없음
삼손	있음	있음	없음	없음 (제한적으로 암시됨)	없음

각각의 사이클이 예상 패턴으로부터 어떻게 이탈하는지 면밀하게 살펴보면, 사사기의 이야기들이 사이클대로 순환하는 것이 아니라 나선형으로 하강하고 있다는 결론을 내릴 수 있다. 다시 말해, 각 이야기의 끝에서 백성이 이전 이야기에서 출발했던 지점과 정확하게 동일한 곳에서 출발할 수 있도록 리셋 버튼이 눌러진다는 인상을 주지 않는다. 오히려 장면이 바뀔 때마다 이스라엘 백

성과 지도자들의 타락의 정도가 점점 심해지는 것처럼 보인다. 사사기의 사이클은 통제를 벗어나 나선형으로 움직이는 것처럼 보

> 장면이 바뀔 때마다 이스라엘 백성과 지도자들의 타락의 정도가 점점 심해지는 것처럼 보인다.

인다. 그와 같은 사이클 구조의 붕괴는 사사기의 이야기에서 벌어지고 있는 일에 상응한다. 이스라엘 백성은 점점 더 가나안 사람들처럼 되어 가고 있었다. 또한 지도자들은 문제가 될 수 있는 행위에 점점 더 깊이 개입했다. 사사기 저자는 글을 쓰는 주된 목적들 중 하나를 강화하기 위해 이런 사건들을 탁월하게 배열하고 만들어 내서 사사기의 사이클이라는 틀 안에 위치시켰다. 그 목적은 정착기의 이스라엘의 타락을 보여 주는 것이었다.

사사기의 순환성

문학에서 어떤 이야기의 끝이 그 이야기의 시작 단계에서 제시된 양상들(사건, 상황, 혹은 표현들)을 떠올리게 할 때 이를 순환적 종결(circular ending)이라고 부른다. 사사기의 최종 단락은 분명하게 순환적이다. 거기에서 저자는 도입부(1:1-3:6)의 사건들을 떠올리게 하고 반향을 불러일으키는 정착기의 사건들을 신중하게 선택해서 배열했다. 그 결과 독자인 우리는 결말에 이르러 우리가 순환하며 처음으로 돌아가고 있음을 알게 된다. 이 안에는 목록화하

여 묘사하기에는 너무 많은, 종결 부분과 시작 부분 사이의 연결 고리들이 존재한다. 본서에서는 수사학적 역학을 알아내기 위해 그중 몇 가지만 면밀하게 살펴보고자 한다.

사사기의 시작 부분과 종결 부분의 가장 분명한 연결 고리는 그 책을 시작하는 (각 지파가 아니라 - 역자 주) 온 이스라엘의 전쟁(1장)과 그 책을 종결하는 온 이스라엘의 전쟁(20장)이다. 이 전쟁들은 사사기 전체의 틀을 만들었고, 으스스할 정도로 유사하다. 두 경우 모두에서 이스라엘 백성은 함께 모여 여호와께 누가 전투를 이끌어야 하는지를 묻는다. 두 경우 모두에서 여호와는 유다가 이끌어야 한다고 응답하신다. 이런 유사성들은 확연하게 두드러지지만, 차이점들 역시 슬며시 드러난다. 시작 부분에서 백성은 여호와께서 명하신 것(즉, 그 땅에서 가나안 사람들을 몰아내는 것)과 관련해 그분의 인도하심을 구하지만, 결국 몰아내지 못했다(1:1-36). 종결 부분에서는 여호와께서 명령하지 않으신 것(즉, 베냐민 지파를 제거하는 것)과 관련해 그분의 인도하심을 구하고, 결과적으로 열한 지파 내에서 엄청난 사상자가 나오고, 베냐민 지파는 거의 멸절하고 말았다(20:18-48). 벌어진 사건들은 비슷한데, 그 사건들을 둘러싼 정황은 이스라엘이 하나님의 뜻에서 얼마나 멀리 벗어났는지를 보여 준다.

순환성의 두 번째 예는 시작과 종결 부분 모두에서 울며 희생

제물을 드리는 이스라엘이 나온다는 것이다(2:4-5; 21:2-4). 그리고 그 일에 대한 상세한 설명은 그 상황이 지닌 아이러니를 드러낸다. 시작 부분에서는 여호와께서 명령하신 대로 가나안 사람들을 쫓아내지 못하여 그분이 백성을 벌하셨기에 운다. 종결 부분에서는 베냐민 지파와의 전쟁에서 크게 승리한 후 베냐민 지파를 멸절시킨 것의 의미를 비로소 깨달았기에 운다. 다시 말해, 첫 번째 경우는 자신들의 실패에 대한 참된 슬픔을 나타내는 반면, 두 번째 경우는 자기들이 스스로 만들어 낸 기이한 상황에 빠짐으로써 겪게 된 혼란과 후회를 나타낸다. 21:3에서 그들은 이렇게 묻는다. "이스라엘의 하나님 여호와여 어찌하여 이스라엘에 이런 일이 생겨서 오늘 이스라엘 중에 한 지파가 없어지게 하시나이까?" 겉보기에 이 질문은, 마치 베냐민 지파를 제거하는 일이 애초에 이스라엘의 결정이 아니기라도 한 것처럼, 하나님을 비난한다. 순환성에 관한 이러한 예는 사사기의 끝부분에 이르렀을 때 이스라엘의 상황의 모순과 비극성을 조명해 준다.

순환성의 마지막 예는 시작과 종결 부분 모두에서 나타나는 여부스/예루살렘[13]에 관한 언급이다. 1:21은 베냐민 지파가 여부스 족속을 예루살렘 밖으로 내쫓는 일에 실패했다고 전한다. 이것은

---

13 여부스와 예루살렘이라는 명칭들은 같은 장소를 가리킨다. 여부스가 나중에 예루살렘으로 개칭되었다.

사사기 19장에 나오는, 레위인과 그의 첩에 관한 이야기에서 중요한 요소가 된다. 레위인과 그의 첩은 여행하다가 어느 성읍에 이르지만 그곳이 "이방 사람의 성읍"이기에 머물지 않는다. 대신에 베냐민 지파의 성읍인 기브아에서 유숙한다. 그들이 찾아갔던 첫 번째 성읍은 여부스 – 나중에 예루살렘으로 개칭되었다(19:10) – 였으나 그곳은 "이방 사람의 성읍"이었다. 베냐민 지파가 그곳 거주민들을 쫓아내라는 여호와의 명령에 순종하지 않았기 때문이었다. 두 번째 성읍 기브아는 이스라엘 백성의 성읍이었다. 그러나 그곳에서 우리는 최악의 이방인의 성읍(소돔 같은; 창세기 19장과 비교해 보라)에서나 예견할 수 있을 만한 무서운 일들과 마주하게 된다. 이 상황의 아이러니를 종결 부분에서 순환성이 다시 한 번 강조해 주고 있는 것이다. 그날 밤에 레위인과 그의 첩은 이스라엘인의 성읍보다 이방인의 성읍에서 지내는 것이 더 나았을 것이다.

사사기의 처음 부분과 종결 부분 사이의 또 다른 연관성들 역시 순환성에 대한 압도적인 의식을 갖게 한다. 거기에는 각 지파를 그들의 기업으로 돌려보내는 것(2:6; 21:24), 성읍들에 진멸법[14]을 적용하는 것(1:17; 21:11), 마을과 성읍들을 "칼날로" 치는 것

---

14 "진멸"에 해당하는 히브리어는 헤렘(*cherem*)이다. 진멸의 대상이 된 성읍들은 완전히 파괴된다. 여리고는 구약성경에서 진멸의 대상이 된 성읍의 한 예다.

(1:8, 25; 20:37, 48), 첩자들과 그들의 임무(1:22-26; 18:2-31), 나귀를 탄 여자들(1:14; 19:28), 사람의 몸을 절단하는 것(1:6; 19:29), 계획된 결혼(1:11-15; 21:1-23), 그리고 부모와 자식들 사이의 관계(1:11-15; 17:1-5; 19:1-10) 등이 포함된다. 이 중 어떤 연관성들은 매우 두드러지게 나타난다. 이 모든 연관성이 누적되면 우리가 종결 부분의 사건들을 접할 때 그것들을 시작 부분에서 나타난 사건들에 비추어 생각하게 되는 효과가 발생한다. 마지막 이야기들은 (적어도 개념적으로는) 처음으로 돌아간다.

그러므로 사사기의 다양한 이야기는 구조적으로 책 전체의 더욱 큰 순환적 틀 안에 존재한다. 그러나 이 현기증 나는 구조의 모든 요소를 한데 모으기 전에, 쉽게 놓칠 수도 있는, 순환성의 한 가지 더 중요한 측면을 고려할 필요가 있다. 바로 연대다.

사사기에서 나타나는 시간의 순환성

사사기를 읽어 나갈 때 우리는 사건들이 그 책에 배열된 순서대로 발생했다고 여기기 쉽다(즉, 시작 부분에 등장하는 사건들이 정착기의 이른 시기에 발생했고, 본문의 사건들이 하나씩 이어서 발생했고, 종결에 나오는 사건들이 마지막으로 발생했다고). 역사적 이야기가 그러한 방식으로 펼쳐지기를 기대하기 때문이다. 그러나 옳지 않은 추정이다. 예컨대, 삼손은, 비록 이 책에서 가장 마지막에 이야기되는 구원자이지만 아마도 가장 이른 시기의 사사였을 것이다.[15] 또한 드보라의 노래에서 언급되는 내용(5:6)은 삼갈의 활동(3:31을 보라)이 드보라의 이야기에 등장하는 사건들과 같은 시기에 일어났음을 암시한다. 일반적으로 사사기는 사건들을 특정한 년도나 시기와 접목시키는 정보들을 생략한다. 그리고 비록 소사사들에 관한 기록들이 "그 뒤를 이어"라는 말로 시작되기는 하나, 이와 같은 표현은 사사기의 여섯 개의 사이클에서는 나타나지 않는다. 본론에서는 사건들(3:7-16:31)이 연대기적으로 배열되어 있다는 인상을 받을지도 모르나, 절대 그렇지 않다.

사사기 17-21장의 사건들은 정착기의 가장 늦은 시기의 것들이 아니라고 말할 수 있다. 쉽게 간과되는 두 개의 설명이 이 사건들이 실제로 아주 이른 시기에 발생했음을 알려 준다. 사건들을 특정한 시기와 접목시키는 설명이 대체로 부족한 책에서 이런 언급들은 쉽게 눈에 띈다(최초의 청중에게도 그러했을 것이다). 특히 사사기 18:30은 우상을 모신 미가의 신당에서 일하던 제사장을 모세의 손자(모세의 아들인 게르솜의 아들 요나단)로 확인해 주고, 20:27-

---

15 삼손은 단 지파 출신이다. 그리고 그와 관련된 사건들은 가나안 남부 지역 중 단 지파에게 할당된 땅들(예를 들어, 딤나와 가사)에서 발생한다. 그러므로 그의 이야기는 사사기 18장에 나오는, 단 지파의 북쪽으로의 이주 이전에 발생했음이 틀림없다. 앞으로 살펴보겠지만, 사사기 17-18장의 사건들은 정착기의 아주 이른 시기에 발생했다.

28은 19-21장의 사건들이 아론의 손자(엘르아살의 아들 비느하스)가 언약궤를 돌보고 있을 때 발생했음을 알려 준다. 저자는 이런 사건들을 이스라엘의 탁월한 정치 지도자(모세)와 탁월한 예배 인도자(아론)와 연결시킴으로써 의도적으로 특정한 세대 – 모세와 아론의 세대로부터 두 세대 떨어진 세대 – 에 주의를 집중시킨다. 이 두 가지 상세한 설명은 이 사건들을 정착기의 아주 이른 시기에 위치시키며 그것들이 의심할 바 없이 연대기적 순서를 이탈해 있음을 지적해 준다. 다시 말해, 17-21장의 사건들은 역사적으로 아주 이른 시기(사사기도 다루고 있는 시기)에 발생한 사건들에 대한 확대된 회상 장면들인 셈이다. 사사기의 종결 부분은 독자들을 그 책의 시작 부분으로 이동시키면서 순환을 완성한다.

종결 부분에서 이렇게 초기의 사건들이 나타나는 것에는 어떤 의미가 있을까? 첫째, 연대기적 구조(혹은 그것의 결여)가 사사기 전체의 어지러운 구조에 공헌한다는 것이다. 독자는 본론의 순환적/나선형적 효과를 경험할 뿐 아니라, 결론에 이를 즈음에는 궤도에서 이탈하여 시작 부분으로 돌아감으로써 순환을 완성시킨다.

둘째, 시간이 흐를수록 백성이 점점 더 깊이 도덕적, 사회적, 그리고 영적 부패에 빠졌다는 인상을 제공한다. 마지막 장들은 사사기 전체에서 가장 통탄스러운 행위들 중 몇 가지를 열거하면서 그러한 인상을 강화한다. 통탄스러운 행위들이 그 시기의 가장 이른 때에 발생한 사건들 중 일부라는 깨달음은 독자에게 충격을 주고 독자가 그 시기/책 전체를 재평가하도록 자극한다. 그 충격적인 깨달음은 독자들로 하여금 그 사건들이 어떻게 그렇게 이른 시기에 나타날 수 있었는지에 대해 숙고하도록 만들 것이다.

이 질문에 대한 답이 실제로 사사기에 나온다. 그 시기의 연대기에 대한 순환적 묘사는 우리가 사사기의 처음 부분으로 돌아가도록 이끄는데 거기에서 답을 발견할 수 있다. 결국 사사기 18:30과 20:27-28의 기록은 마지막 다섯 장의 사건들을 그 시기의 어느 특정한 순간이 아니라 특정한 세대에 고정시킨다. 사사기 2:6-10은 정착기의 문제를, 이스라엘을 위한 여호와의 위대한 행위들을 직접 목격했던 여호수아와 장로들의 죽음 이후에 나타난 세대 때문인 것으로 서술한다. 그 모든 세대가 죽고 난 후에 "일어난 다른 세대는 여호와를 알지 못하며 여호와께서 이스라엘을 위하여 행하신 일도 알지 못하였다"(2:10). 신명기에 기록된 것처럼, 모압 평지에서 모세가 품었던 깊은 우려가 현실이 되었다. 이스라엘은 그들의 왕 여호와를, 그리고 거룩한 백성과 제사장 나라가 되어야 한다는 그들의 소명을 잊었다.

이 사실은 이스라엘이 반역과 불신앙에 서서히 빠져들었던 것이 아니라는 충격적인 깨달음에 이르게 한다. 사사기의 이야기는 이스라엘 백성이 정착기의 아주 이른 때부터 도덕적으로, 영적으

로, 그리고 사회적으로 흐트러져 있었다는 결론을 내릴 수밖에 없는 방식으로 짜여 있다. 실제로

> 그들은 과거를 잃음으로써 정체성을 잃었고, 그로 인해 우울한 미래를 낳았다.

자신들이 여호와 앞에서 어떤 존재인지를 잊었을 때, 상황은 무섭도록 나빠졌다. 내 친구 목사 중 한 명은 자주 이렇게 말한다. "기억이 없는 민족은 정체성이 없는 민족이다. 그리고 정체성이 없는 민족은 미래가 없는 민족이다." 이 말은 이스라엘에도 해당된다. 그들은 과거를 잃음으로써 정체성을 잃었고, 그로 인해 우울한 미래를 낳았다.

사이클의 결과와 순환 구조

사사기의 사이클은 절망스럽고 불가피해 보인다. 구원자들은 의미심장한 군사적 승리를 거두지만 이스라엘에 필요한 핵심적인 변화, 즉 회개와 언약의 갱신을 가져오지 못한다. 그 사이클은 이스라엘의 문제를 강조하는데, 그 문제는 외부의 적이 아니라 상태가 심각한 집단적인 기억 상실이다. 여호와께서 백성을 위해 하신 일과 그것이 어떻게 그들의 정체성을 형성해야 하는지를 백성이 기억하지 못하는 것이 그 사이클을 거듭해서 되풀이되도록 만든다. 그 사이클의 반복은 또한 진전 혹은 목표의 완전한 상실이라는 느낌을 준다. 한 차례의 사이클이 끝나면 이스라엘은 또 다

> 여호와께서 백성을 위해 하신 일과 그것이 어떻게 그들의 정체성을 형성해야 하는지를 백성이 기억하지 못하는 것이 그 사이클을 거듭해서 되풀이되도록 만든다.

른 사이클 속으로 빠져든다. 우리는 이스라엘의 그런 행위를 인내하시는 여호와의 모습에 깊은 인상을 받기도 하지만 이스라엘의 완악한 무지로 인해 몹시 화가 나기도 한다. 이미 지적했듯이, 사사기의 사이클의 끝부분은 이 시기에 이스라엘 백성이 그야말로 목표 없는 삶을 살았음을 심원하게 강조하면서 책의 첫 부분으로 되돌아간다. 사사기의 반복적이고 순환적인 구조는 진전 혹은 목표의 상실을 강조한다. 모든 것이 무의미해 보인다. 도대체 무엇이 이 끝이 없어 보이는 사이클을 깨뜨릴 것인가?

사무엘은 이스라엘의 마지막 사사였고, 사무엘상은 사사 시대의 종결에 대해 기록한다. 그렇다면 사이클은 깨진 것인가? 어떤 의미로는 그렇다. 그러나 그 사이클이 깨져야 했던 방식으로 깨진 것은 아니다. 사사 시대는 백성이 사무엘에게 다음과 같이 요청하면서 끝난다. "모든 나라와 같이 우리에게 왕을 세워 우리를 다스리게 하소서"(삼상 8:5). 그러나 사사기 8:23에서 기드온이 지적하듯이, 이스라엘에는 이미 왕-여호와-이 있었고, 만약 이스라엘 백성이 되지 말아야 하는 것이 하나 있다면 바로 "모든 나라와 같이" 되는 것이었다. 그럼에도 여호와께서는 그들의 반역적인 요구에 응하시고 이스라엘이 군주 시대로 접어들도록 허락하신다. 이스라엘 역사의 이 새로운 국면은 (몇몇 탁월한 왕들을 제외하고) 악한 왕들의 또 다른 형태의 순환이라는 패턴 속으로 말려 들어간다. 그 왕들은 이스라엘에 절실하게 필요했던 언약적 갱신을 가져오지 못했다.

다시 하나님께 집중하기

앤디 크라우치(Andy Crouch)는 그의 책 *Playing God: Redeeming the Gift of Power*(하나님 놀이: 권능의 은사 회복하기)에서 일반적으로 제도들이 어떻게 나타나는지에 대해, 즉 그것들의 발전과 성장, 안정화, 그리고 불가피한 실패에 대해 묘사한다. 그는 한편으로는 3세대가 "하나의 문화적 패턴이 '제도'라고 불리는 최소한의 수명"[16]이라고, 그리고 다른 한편으로는 "세 번째 세대가 되면 모든 제도가 실패했다"[17]고 주장한다. 계속해서 크라우치는 다음과 같이 말한다.

> 어떤 제도들은, 하나님의 일반 은총이나 특별 은총에 의해, 이미지를 유지하게 해 주는 토양에 깊이 뿌리를 내림으로써 그것들

---

16 Andy Crouch, *Playing God: Redeeming the Gift of Power* (Downers Grove: InterVarsity Press, 2013), 195.
17 Crouch, *Playing God*, 197.

의 실패에도 불구하고 창의성을 유지하고 번창한다. 그러나 다른 것들은 그렇지 못할 뿐 아니라, 더 심하게는, 사라진다.[18]

다시 말해, 이 깨어진 세상 속에서는 가장 좋은 의도를 지닌 제도들마저 변화, 역경, 그리고 심지어 실패를 경험한다. 그러나 어떤 제도들 - 세상을 향한 하나님의 뜻, 계획, 그리고 목적에 근거한 제도들 - 은 실패를 넘어서 여러 세대 동안 번성할 것이다. 크라우치에 따르면, 제도들이 실패하는 핵심적 이유는 그런 제도들의 시작 단계에서부터 존재하는 우상 숭배와 불의라는 패턴들 때문인데, 그 패턴들은 종종 불가피한 종말을 낳는다. 3세대가 넘도록 살아남는 제도들은 실패의 근원을 이루는 우상 숭배와 불의를 드러냄으로써 그렇게 살아남았으며, 다른 제도들은 그런 실패의 결과로써 그저 죽을 뿐이고, 또 다른 제도들은 좀비와 같은 상태로 - 완전히 살아 있는 것도 아니고 완전히 죽은 것도 아닌 상태로 - 절름거리며 계속해서 존재할 뿐이다.

이것은 이스라엘 백성이 약속의 땅을 차지했던 때부터 이스라엘에 일어난 일을 정확하게 묘사한다. 그들은 여호와의 구속과 그분의 토라(즉, 시내산에서 주어진, 이스라엘을 향한 하나님의 가르침)라는 견고한 토대 위에서 제사장 나라와 거룩한 백성이 되었으나, 우상

---

18 Crouch, *Playing God*, 197.

숭배와 불의라는 씨앗이 여호와의 가르침이라는 좋은 씨앗 곁에 함께 뿌려졌다. 사사기가 설명하는 정착기는 이스라엘이 (출애굽과 시내산 언약 체결로부터 3세대가 흐른

> 새로운 계획들은 하나님과 그분의 가르침이라는 견고한 토대 위에서 출발해야 한다. 이것이 그 제도의 장수를 보장해 주지는 않지만, 성공을 위해서는 꼭 필요하다.

시점에) 실패와 마주하는 시기였다. 이스라엘 백성은 완전히 잘못된 곳(예를 들어, 군사력, 정치적 안정)에서 해결책을 찾았으나 우상 숭배와 불의가 그들을 노려보면서 그들이 참으로 번성하는 것을 가로막고 있음을 깨닫지 못했다. 그 갓 태어난 국가는 죽지도 않았으나 그렇다고 확실하게 살아 있지도 않은 상태로 터덜터덜 살아가고 있었다.

기독교의 새로운 계획과 제도들-교회 개척, 성경 공부, 기독교 학교들, 자선 행위, 사업, 비교 문화적 선교 같은-은 매일 갑작스럽게 나타나는 것처럼 보이고, 그동안 우리 중 많은 이가 이와 같은 일에 참여해 왔다. 사사기는 무엇보다도 처음이 중요하다는 점을 가르쳐 준다. 종종 새로운 계획들은 흥분, 헌신, 그리고 진실성을 지니고 시작되는데, 그것들은 상황이 좋을 때에는 쉽게 유지되는 특성들이다. 그러나 시간이 흐르면서 때때로 상황이 나빠지기도 한다. 실패가 머리를 내밀고, 흥분이 낙담으로 바뀌고, 헌신이 줄어들고, 생존을 위한 타협이 필요해 보이기 시작한다. 새로운 계

> 우리의 기독교적 계획들에서, 타협하여 구성원들이 늘어나는 것보다 하나님과 그분의 목적에 대한 헌신을 계속하면서 구성원들이 줄어드는 것이 더 낫다.

획들은 하나님과 그분의 가르침이라는 견고한 토대 위에서 출발해야 한다. 이것이 그 제도의 장수를 보장해 주지는 않지만, 성공을 위해서는 꼭 필요하다.

사사기는 제도들이 실패할 때 우리가 완전히 엉뚱한 곳에서 해결책을 찾고자 하는 경향이 있음을 보여 준다. 예컨대, 기독교의 제도들과 관련된 지속적인 문제는 제도들이 다양한 형태, 즉 구성원들, 학생들, 그리고 기부자들에게서 지지를 얻고자 한다는 것이다. 우리는 더욱 광범위한 청중에게 호소하기 위해 권력, 영향력, 그리고 성공이라는 우상들에 대한 우리의 헌신을 과시하면서 사명이나 메시지를 타협하고 싶은 유혹에 빠질 수 있다. 오히려 우리는, 바울이 빌립보 교회의 신자들에게 보낸 편지에서 밝혔듯이, 권력, 영향력, 그리고 성공을 하나님 나라라는 관점에서 평가해야 한다. 어려운 상황에서 분투하던 빌립보 신자들은 자기들이 박해를 당하고 있고 위대한 지도자이자 설립자인 바울이 감옥에 갇혀 있으므로 아마도 복음이 실패했다고 생각했을 것이다. 하지만 바울은 그리스도의 나라의 성공을 세상의 기준으로 판단해서는 안 된다고 설득한다. 그는 복음이 이런 특별한 상황 속에서도 전진하고 있음을 지적한다. 바울이 투옥되었던 때조차 예수에 관한 복음이 제국의 경계로까지 퍼져 나가고 있었다(빌 1:12-14). 우리의 기독교적 계획들에서, 타협하여 구성원들이 늘어나는 것보다 하나님과 그분의 목적에 대한 헌

> 사사기에 등장하는 하나님의 백성처럼, 우리는 더 나은 리더십, 더 큰 노력, 혹은 더 나은 전략이 필요하지 않다. 우리에게 필요한 것은 멈춰 서서, 회개하고, 하나님께 다시 집중하는 것이다.

신을 계속하면서 구성원들이 줄어드는 것이 더 낫다.

사사기는 제도들 안에서, 그리고 예수님과 인격적 동행 안에서 우리가 너무 바쁘고 또한 하나님의 백성이 되는 축복에 지나치게 집중하느라 우리에게 맡겨진 사명을 망각할 수도 있음을 상기시킨다. 우리의 일과 삶은 통제의 범위 밖으로 쉽게 벗어나 내면을 향해 집중하거나 목적 없이 떠돌 수 있다. 하나님의 백성으로서 우리는 열방의 복이 된다는 목적을 지니고 세상을 향한 하나님의 뜻을 구현하도록 부르심을 받았다. 그것이 우리의 사명이다. 우리의 목적이다. 만약 우리가 거듭해서 창조주와 구세주에게 그리고 온 세상이 번성하기를 바라시는 그분의 갈망에 집중하지 않는다면, 우리의 삶은 방향 없이 떠돌면서 통제 불능 상태가 될 것이다. 사사기에 등장하는 하나님의 백성처럼, 우리는 더 나은 리더십, 더 큰 노력, 혹은 더 나은 전략이 필요하지 않다. 우리에게 필요한 것은 멈춰 서서, 회개하고, 하나님께 다시 집중하는 것이다.

| 읽 어 볼 글 들 |

- 사사기 6-8장
- 사사기 1:1-3:6; 사사기 17-21장

| 생 각 해 볼 질 문 |

01 기드온 이야기 전체(6-8장)를 읽고 가능하면 많이 사사기의 사이클의 요소들을 찾아보라. 처음부터 끝까지 기드온의 성품에서 일어나는 변화에 주목하라.

---

02 서론 부분(1:1-3:6)과 결론 부분(17-21장) 사이에서 발견할 수 있는 모든 연관성을 간략하게 메모하라. 이런 연관성들은 사사기를 이해하는 데 얼마나 중요한가?

---

03 사사기의 다양한 구조적 패턴이 이스라엘 역사의 무목적성에 기여한다는 것에 동의하는가? 어째서 그런가, 혹은 어째서 그렇지 않은가?

---

04 당신이 실패를 경험했던 제도들 혹은 계획들을 떠올릴 수 있는가? 실패의 원인은 무엇이었으며, 관련된 이들은 그 실패에 어떻게 대응했는가? 하나님과 그분의 목적에 기초를 두는 것이 기독교적인 계획들과 제도들의 성공을 확보해 주리라고 보는가? 어째서 그런가, 혹은 어째서 그렇지 않은가?

4장

"이스라엘에 왕이 없었으므로": 여호와 시해(弑害)

결말은 중요하다. 문학에서 독서의 목적은 결말에 이르는 것이다. 책의 결론은 저자가 모든 것을 한데 모아 그 책이 실제로 무엇에 관한 내용인지를 말하는 마지막 기회다. 사사기의 결말 부분(17-21장)에서는 아무렇게나 기록해 놓은 것 같은 두 개의 이야기가 나온다. 두 이야기는 모두 사사로운 가정사라는 상황에서 시작되지만 그보다 범위가 큰 부족의 문제 그리고(혹은) 부족들 간의 문제로 종결된다. 그 이야기들은 사적인, 종교적인, 그리고 공적인 삶에서 나타난, 설명하기 어렵고 복잡한 행동들을 묘사한다. 표면적으로는 리더십, 죄, 혹은 언약 불순종 같은 이스라엘의 문제에 대한 어떤 해결이나 종결을 제공하는 것처럼 보이지 않는다. 오히려 이스라엘이 그 시기에 겪고 있던 고질적인 문제들에 대한 추가

적이고 더욱 생생한 증거를 제공하는 것처럼 보인다.

사사기 17-21장은 몇 가지 이유에서 하나의 구별된 단락(즉, 결말 단락)을 이룬다. 앞 단락들과 가장 주목할 만한 차이들 중 하나는 이 단락에서는 예상되는 사이클이 나타나지 않는다는 점이다. 사사들이나 구원자들도 등장하지 않는다. 이 장들은 또한 새로운 후렴구로 묶여 있다. "그 때에는 이스라엘에 왕이 없었으므로 사람마다 자기 소견에 옳은 대로 행하였더라." 이 구절은 이 단락의 시작 부분에 등장하고(17:6), 사사기의 마지막 문장에도 나오며(21:25), 마지막 장들에서 단축된 형태로 두 번 더 나온다(18:1; 19:1). "이스라엘에 왕이 없었으므로"라는 후렴구는 이렇게 구조적으로 사사기의 마지막 다섯 장들을 한데 묶는다.

이 장들의 이야기들은 길다. 거기에는 상세한 설명과 반복이 포함되는데, 마치 사사기 저자가 우리가 요점을 놓쳤다고 가정하고 후렴구라는 수단을 통해 다시 그 요점에 우리의 관심을 집중시키려는 것처럼 보인다. 사사기의 저자에 따르면, 이 사건들은 왕이 없었기에 자기들이 옳다고 여기는 것은 무엇이든지 행했던 백성의 행위로 이해되어야 한다.

"그 때에는"이라는 구절은 비단 17-21장에서 서술되는 사건들이 발생한 때뿐 아니라 사사기가 다루는 모든 기간을 가리킨다. 저자는 이 장들을 그 모든 기간 – 이스라엘 백성이 정복 전쟁 후에 그 땅에 정착하던 시기로부터 군주제가 나타날 때까지-에 대한 개관으로 사용한다. 물론 이 장들은 특별한 사건들(미가와 단 지파 사건, 기브아에서 발생한 잔혹 행위, 그리고 그로 인해 발생한 내전)에 초점을 맞추지만, 이는 사사 시대 전 기간을 대표하는 사건들로 그 시대를 특징짓는 무정부적 상태를 예시한다. 이는 저자가 이 후렴구를 통해 의도했던 것을 정확하게 이해하는 것을 아주 중요하게 만들어 준다.

인간 왕권?

이 마지막 장들의 맥락에서 "이스라엘에 왕이 없었으므로"라는 후렴구가 전하는 핵심 메시지는 무엇인가? 얼핏 보기에는 이스라엘 백성 가운데 존재하는 영적, 정치적, 도덕적, 그리고 사회적 불안이 마치 왕이 없었기 때문이라는 단순한 메시지를 전하는 것처럼, 즉 왕이 언약적 갱신을 가져올 수 있고 따라서 평화와 번영을 가져올 수 있으리라고 의미하는 것처럼 보일 수 있다. 성경학자 로버트 오코넬(Robert O'Connell)은 "왕권은 땅에 대한 점유, 부족 간의 언약적 충성, 사회 정의, 그리고 제의를 고수하는 것 같은 언약적 이상들을 얻는 수단으로 은연중에 지지된다"[19]라고 말한다.

---

19 Robert H. O'Connell, *The Rhetoric of the Book of Judges* (Leiden: Brill, 1996), 10.

많은 학자가 사사기의 집필 목적이 왕이 없는 통치의 황폐한 결과를 보임으로써 왕권 수립을 촉진하는 것이라고 믿는다. 그러나 이와 같은 해석이 사사기의 배경에 비추어 그리고 그 책이 쓰인 역사적 상황 안에서 이치에 맞을까? 만약 저자가 사사 시대에 발생한 문제들을 다루기 위해 인간 왕권의 수립을 촉진하려는 것이 아니라면, 이 후렴구가 무엇을 의미할까? 앞으로 살펴보겠지만, "이스라엘에 왕이 없었으므로"라는 후렴구를 인간 왕권이 아니라 신적 왕권을 가리키는 것으로 이해하는 것이 훨씬 더 논리적이다. 다시 말해, 저자는 그 후렴구를 사용하여 백성의 근본적인 문제를 강조하고 있는 것이다. 그들은 그들을 구속하신 왕이신 여호와를 배척했고, 반역의 결과는 매우 치명적이었다.

사사기에서 발견되는 몇 가지 증거가 과연 그 책이 인간 왕권과 신적 왕권 중 어느 쪽을 지지하고 있는지에 대해 빛을 비추어 준다. 사사기에는 인간 왕권에 관한 세 개의 예가 나온다. 첫째, 이스라엘 백성을 무자비하게 억압하는 여러 외국 왕들을 이야기한다. 둘째, 기드온이 미디안 족속으로부터 백성을 구출하자 백성이 그에게 왕이 되어 세습 왕조를 시작해 주기를 청한다(8:22-28). 기드온은 비록 입으로는 그 제안을 거절하지만, 그의 행위는 사실상 왕의 역할을 떠맡았음을 드

> 그들은 그들을 구속하신 왕이신 여호와를 배척했고, 반역의 결과는 매우 치명적이었다.

러내 보인다.[20] 이는 기드온이 우상 숭배를 위한 제사의 중심지를 세우는 결과를 낳았고, 그 일은 이스라엘에 올무가 되었다(8:27). 셋째, 아비멜렉의 왕으로서의 경력은 일흔 명의 형제를 처형하는 것에서 시작하여 자신의 백성을 상대로 전쟁을 일으키는 것으로 끝났다(9:1-57).

비록 이런 각 예는 왜곡되고 악한 군주적 통치라는 이미지를 제공하지만, 이는 일반적인 왕권에 대한 논쟁은 아니었고 오히려 불경건하고 왜곡된 왕적 통치에 대한 반대였다고 할 수 있다. 그러나 "이스라엘에 왕이 없었으므로"라는 후렴구는 기드온과 아비멜렉이 이끌던 시기에 발생한 일들, 즉 여호와께 드린 크게 부패한 예배(17-18장)와 이스라엘 백성이 동족 이스라엘 백성에게 자행한 야만적인 폭력(19-21장)의 한가운데서도 나타난다. 그런 사건이 기드온의 (가려진) 왕권과 아비멜렉의 (노골적인) 왕권 아래에서 이미 발생했는데도 인간 왕권이 잘못된 예배와 부족 간의 폭력 같은 일들을 근절할 것이라고 주장하는 것은 비논리적이다.

또한 사사기의 역사적 상황을 감안한다면, 저자가 백성 가운데

---

20 예컨대, 그는 외국 왕들에게 충성의 상징들을 받아 챙기고, 왕가의 보물이 될 만한 것들을 모으며, 자기의 성읍을 권력과 예배의 중심지로 삼고, 하렘(harem, 상류 계층 남성들이 거느리는 여자들이 사는 주거 공간-역자 주)에 일흔 명의 아내를 두어 일흔 명의 아들을 낳는다. 더 나아가 아들들 중 하나의 이름을 아비멜렉이라고 짓는데, "나의 아버지는 왕이시다"라는 뜻이다. 이는 기드온이 정말로 왕관을 거부했었다면 모순되는 일이다.

서 분명하게 드러나는 일종의 무정부 상태에 대한 치유책으로 인간 왕권을 제안하고 있다는 주장은 그럴 듯해 보이지 않는다. 다윗의 통치 이후에 이스라엘과 유다의 왕들 대부분은 사사 시대 전반에 걸쳐 일어났던 그 왜곡된 행동들을 국가적으로 만들고 제도화했다. 왕들은 산당들을 세웠고 백성을 우상 숭배적 행위들로 이끌어 갔다. 그들은 폭력과 불의를 자행했고, 분열 왕국 기간 동안 남왕국과 북왕국은 서로 철천지원수가 되었다.

사사기의 저자와 애초의 청중은 나쁜 왕에 이어 또 다른 나쁜 왕의 통치를 경험했고, 이것은 이스라엘과 유다를 혼란 속으로 빠뜨렸으며, 궁극적으로 주전 722년에 북왕국 이스라엘의 포로 됨으로, 그리고 주전 586년에는 남왕국 유다의 포로 됨으로 이어졌다. 사사기 18:30에 실려 있는 그 땅의 포로 됨에 관한 기록은 주전 722년에 일어난, 백성이 앗수르로 끌려갔던 사건으로 보인다. 이로써 사사기가 그 사건 이후에 쓰였음을 알 수 있다. 사사기의 최초의 독자들은 아마도 포로 됨의 공포를 경험했을 것이고, 이는 부분적으로는 백성에게서 언약적 충실함과 순종을 얻어 내지 못했던 왕의 무능 때문이었다. 만약 사사기 저자가 인간 왕권을 옹호하고 있었다면, 애초의 청중은 그에게 이렇게 반응했을 것이다. "지금 농담하는가? 우리의 왕들은 그런 일을 막지 못했을 뿐 아니라, 사실상 이를 촉진하고 정기적인 국가적 오락으로 만들었다!"

백성이 왕들의 통치 아래에서 경험한 일을 감안한다면, 사사기 결말 부분에 인간 왕권에 대한 옹호가 나타난다는 것은 전혀 있을 법하지 않은 일이다. 의심할 바 없이 애초의 청중은 "이스라엘에 왕이 없었으므로"라는 후렴구에 대한 새로운 해석을 찾았을 것이다.

게다가, 만약 저자가 이 책의 결말 부분인 여기에서 어떤 형태의 정치 체제를 호소하고 있었던 것이라면, 아마도 그것은 전술의 큰 변화를 대표하는 것이라 할 수 있다. 그동안 우리는 이스라엘 백성의 방황하는 마음과 반역적 행위야말로 정착기 동안 발생한 문제들의 근본 원인임을 거듭 상기해 왔다. 여호와와 그분의 언약에 대한 불순종이 그 사이클을 지속시켰다. 단순히 정치적 시스템을 사사의 지도력으로부터 왕권으로 바꾸는 것으로는 이스라엘의 질병을 치유하지 못할 것이다.

▋ 하나님의 백성의 포로 됨

하나님의 백성은 두 차례의 포로 됨을 경험했다. 주전 722년에 앗수르라는 초강대국이 북왕국 이스라엘을 무찌른 후 수많은 주민을 이주시키고 다른 피정복민들을 북왕국에서 대신 살게 했다. 이 사건을 앗수르 유수라고 부른다(왕하 17장을 보라). 몇 세대 후, 남왕국 유다가 북왕국과 동일한 운명을 겪었다. 바벨론 유수는 주전 586년 예루살렘의 파멸 직후에 시작되었고(왕하 25장을 보라), 페르시아의 황제가 모든 포로를 그들의 고향으로 돌려보내라는 칙령을 내렸던 주전 539년까지 계속되었다(대하 36:22-23; 스 1장을 보라). 여호와께서는 백성이 약속의 땅으로 들어가기 전에 모압 평지에서, 만약 그분에게 그리고 그분의 언약에 순종하지 않는다면 그 땅에서 추방되리라고 백성에게 경고하셨다(신 28:45-68).

이것은 군주제가 이스라엘 백성을 향한 하나님의 뜻이 아니었다고 말하는 것이 아니다. 사실 하나님께서는 아브라함에게 그의 후손 중에서 왕들이 나올 것이라고 일러 주셨다(창 17:6). 신명기 17:14-20 역시 왕들이 이스라엘을 다스리게 될 때를 예견하면서 왕권을 위한 기본적인 틀을 제공한다. 이 구절들은 왕들이 하지 말아야 할 세 가지 행위를 명시한다(그들은 많은 말, 아내, 그리고 은과 금을 취하지 말아야 한다 - 이는 세상의 왕들이 믿는 것들이다). 또한 이 구절들은 왕들이 따라야 할 오직 한 가지의 근본적인 지침을 제공한다. 왕은 여호와가 어떤 분이신지를 알고 그분의 뜻을 따라 백성을 다스리기 위해 하나님의 말씀(토라)에 깊이 잠겨야 한다. 여호와는 어느 특정한 정치 체제에 묶여 계시지 않다. 이스라엘이 택하는 정치 체제가 무엇이든지 간에 그것은 여호와의 토라, 즉 그분의 "거룩한 백성과 제사장 나라를 위한 선언문"(Manifesto for a Holy Nation and a Priestly Kingdom) 위에 세워져야 한다.

신적 왕권

성경은 "이스라엘에 왕이 없었으므로"라는 후렴구가 왕이신 여호와를 가리킨다는 증거를 풍성히 제시한다. 여호와의 왕권은 구약성경의 지배적인 주제다. 하나님의 나라는 예수님의 사역, 가르침, 그리고 활동의 핵심적인 주제다. 창세기 1-2장은 하나님께서 그분의 나라를 세우신 창조주, 그리고 그분의 영역 안에서 살면서 그분의 왕적 통치를 대행하도록 지으신 인간과 관계하시는 창조주 왕(creator king)이심을 강조한다. 출애굽기에서 여호와는 왕권의 탈취자인 바로와 수많은 애굽의 신들과 맞서 싸우심으로써, 자신의 백성을 그들의 손아귀에서 건져 내심으로써, 그리고 그 구속된 백성을 위해 국가 체제를 제공하심으로써(시내산 언약) 구세주 왕(redeemer king)으로서 행동하신다. 수많은 시편, 특히 시편의 중앙에 집중되어 있는 시들(시 90-106편)은 여호와의 통치에 대해 노래하며, 하나님을 이스라엘뿐 아니라 열방, 열방의 "신들," 그리고 온 우주를 다스리시는 우주의 왕(cosmic king)으로 간주한다. 예언자들 역시 여호와의 통치에 대해 말한다. 주전 586년에 일어났던 예루살렘의 파괴와 유다의 멸망 이후에 여호와께서 다시 시온에 보좌를 세우시고 거기로부터 온 우주를 다스리실, 다가올 날에 대해 예언한다(예를 들어, 슥 14:9; 사 52:7-10).

사사기의 사이클을 시작한 것은 여호수아가 죽은 후에 나타난, "여호와를 알지 못하며 여호와께서 이스라엘을 위하여 행하신 일도 알지 못하였"던 세대였다(2:10). 여기서 "일"은 여호와께서 이스라엘을 애굽에서 구출하시고, 시내산에서 교훈을 베푸시고, 광야에서 그들을 인도하시고, 가나안 민족들을 정복하시고 그 땅을 그들에게 선물로 주신 것을 가리킨다. 사사기에 등장하는 이스라엘 백성은 여호와를 잊었다. 그들은 왕을 저버렸다. 그들의 행위는 왕이신 여호와 자신이 반포하셨던 "거룩한 백성과 제사장 나라를 위한 선언문"에 대해 무지하다는 것을 거듭 보여 준다.

"그 때에" 이스라엘의 위기는 단순히 왕이 없었던 것이 아니라 사회의 질서를 위한 신적 기준이 없었다는 것이었다. 미가와 그의 어머니는 겨우 다섯 개의 구절 안에서 십계명 중 최소한 다섯 가지를 어겼다(17:1-5: 그들은 여호와 외의 신을 섬겼다. 신상을 만들었다. 하나님의 이름을 남용했다. 미가는 자기 어머니의 것을 훔쳤는데, 이는 탐욕을 드러내고 부모를 공경하지 않는 행동이었다).[21] "이스라엘에 왕이 없었으므로"라는 후렴구를 여섯 개의 사이클을 시작하는 후렴구 - 백성이 "여호와 보시기에 악을 행했다" - 와 비교해 보면 이 마지막 단락에 실려 있는 사건들이 3-16장에서 시작된 나선형 하강을 완성한다는 것을 알 수 있다. 이스라엘 백성이 여호와 보시기에 악한 일에 저항하기보다는 그들 눈에 좋은 것을 행하는 경향을 보임으로써 하나님의 기준이 사라지고 말았다. 윌슨(Michael K. Wilson)이 지적하듯이, 첫 번째 공식은 "여호와 보시기에 악한 것으로 간주되는 도덕적 행위들과 관련되어 있고," 반면에 두 번째 공식은 "백

---

21 J. Clinton McCann, *Judges* (Interpretation: A Bible Commentary for Teaching and Preaching; Louisville: John Knox Press, 2002), 120. 『사사기-현대성서주석/목회자와 설교자를 위한 주석』, 한국장로교출판사.

성이 보기에 옳은 것으로 간주되는 도덕적 행위와 관련되어 있다."[22] 백성의 눈에 옳아 보이는 일을 행하는 것은 왕이신 여호와께서 더 이상 그 나라의 삶의 기준을 세우지 않으심을 보여 준다. 아담과 하와가 스스로 하나님이 되려고 하고 자신들의 운명과 도덕의 기준을 스스로 정하려고 하는 유혹에 굴복한 이후, 인간은 그들의 참된 왕께 계속해서 반역해 왔고 인간의 자율성을 확보하려고 노력해 왔다. 바로 이것이 사사기 전반에 걸쳐 나타나는 반역적 행위다.

이스라엘의 이와 같은 특성은 나에게 U2(아일랜드 더블린 출신의 록 밴드-역자 주)가 작곡하고 조니 캐시(Johnny Cash, 미국의 싱어송라이터이자 배우 겸 작가-역자 주)가 피처링한 "The Wanderer"(방랑자)라는 노래를 떠올리게 한다. 그 노래는 무의미해 보이는 세상에서 희망과 목적을 찾아 방황하는 어떤 이의 이야기를 전한다. 그 방랑자가 시민들이 모여 있는 한 교회에 가서 충격적인 진실을 접하는데 "그들이 왕국을 원한다고 말하지만, 그 왕국 안에 있는 하나님은 원하지 않는다"는 것이었다.[23] 이와 비슷하게 프리드리히 니체(Friedrich Nietzsche)의 "광인"에 관한 우화(본서 맨 앞에서 명구[名

---

22 Michael K. Wilson, "'As You Like It': The idolatry of Micah and the Danites (Judges 17-18)," *Reformed Theological Review* 54.2 (1995): 74.

23 U2, "The Wanderer," in *Zooropa*, Island Records, 1993.

> 분명히 하나님의 백성은 왕국을 원했다. 그들은 위대함, 안전, 그리고 축복을 바랐다. 하지만 그 왕국 안에 하나님이 계시는 것은 원하지 않았다.

句]로 인용했다!)가 생각난다. "신은 죽었다! 그는 죽은 채 남아 있다! 우리가 그를 죽였다!…세상에서 가장 거룩하고 가장 강력했던 존재가 우리의 칼날에 피를 흘리며 죽었다."[24] 그러므로 이스라엘에는 실제로 왕이 없었다. 물론 이스라엘 백성은 여호와의 죽음으로 인한 승리감을 드러내려 하지 않았다. 하지만 이 폭력적이고 잔혹한 책에서 여호와는 이른바 백성이 휘두르는 칼날 아래에서 피를 흘리신다. 그 백성은 스스로를 신들의 지위에 올려놓고 자기들이 보기에 옳은 일을 행하고 있다. 요컨대, 이스라엘이 행한 일은 시해(弑害, 왕을 죽이는 행위)였다. 분명히 하나님의 백성은 왕국을 원했다. 그들은 위대함, 안전, 그리고 축복을 바랐다. 하지만 그 왕국 안에 하나님이 계시는 것은 원하지 않았다.

예수님을 구주와 주님으로 인정하기

사무엘상 8장에서 이스라엘 백성은 지도자 사무엘이 늙어 가고

---

24 Friedrich Nietzsche, "The Madman," in *The Gay Science: With a Prelude in Rhymes and an Appendix of Songs*, trans. Walter Kaufmann (New York: Random House, 1974), 181.

있음을 보고는 다른 나라들처럼 될 수 있도록 자기들을 위해 왕을 지명해 달라고 청한다. 사무엘은 이러한 요구에 분개하지만, 여호와의 응답은 우리가 방금 살펴본 것을 확증해 준다. 그분은 이렇게 말씀하신다. "백성이 네게 한 말을 다 들으라 이는 그들이 너를 버림이 아니요 나를 버려 자기들의 왕이 되지 못하게 함이니라 내가 그들을 애굽에서 인도하여 낸 날부터 오늘까지 그들이 모든 행사로 나를 버리고 다른 신들을 섬김 같이 네게도 그리하는도다"(삼상 8:7-8). 여호와의 왕국의 그 반역적인 백성은 신적 왕을 배척하고 마치 왕이 없는 것처럼 행동하면서 자기들이 보기에 좋은 일을 행했다. 이것은 하나님의 백성이 그들을 구원하러 오신 왕을 죽인 마지막 일은 아니었지만, 이 무렵에 그들은 정말로 어려운 상황에 있었으며 단지 인간 왕이 아니라 구주가 필요했다.

이스라엘 백성처럼 우리에게도 구주가 절실히 필요하다. 우리 역시 그리스도의 주권에 순복하고 그분이 우리의 삶 속에서 통치하시도록 해야 한다. 나는 복음을 접한 후 구주가 절실히 필요함을 깨달은 한 남자에 대한 이야기를 들었다. 그러나 그 후로도 얼마 동안 그의 삶의 방식은 예수님을 구주로 받아들인 것에 대해 거의 영향을 받지 않았다. 그 남자가 자신이 경험한 급진적 변화를 고백하기 시작한 것은 예수님을 구주로 받아들일 뿐 아니라 그분을 자신의 주님으로 인정하고서부터였다.

우리가 하나님의 주권을 삶의 제한된 순간들(경건의 시간, 성경 공부, 주일 예배)이나 특정한 장소들(가정, 교회)로 국한할 때, 우리는 그분이 바울이 "복되시고 유일하신 주권자이시며 만왕의 왕이시며 만주의 주시요 오직 그에게만 죽지 아니함이 있고 가까이 가지 못할 빛에 거하시고 어떤 사람도 보지 못하였고 또 볼 수 없는 이시니 그에게 존귀와 영원한 권능을 돌릴"(딤전 6:15-16) 분이라 부르는 하나님이심을 깨닫지 못한다.

우리의 신앙을 사적인 것으로 만들라는 압력에 굴복할 때, 우리는 이 시대의 출중한 우상들 중 하나-세속주의-에 굴복하는 것일뿐더러, 범세계적이고 우주적인 그리스도의 통치를 현실의 작은 조각에 철저하게 국한하는 것이다. 그러나 사실, 신학자 아브라함 카이퍼(Abraham Kuyper)의 말처럼, "우리 인간의 실존의 모든 영역 중 만유를 주관하시는 그리스도께서 '나의 것이다'라고 주장하시지 않는 영역은 한곳도 존재하지 않는다!"[25] C. S. 루이스(C. S. Lewis) 역시 이렇게 말한다. "우주 안에 중립 지대는 존재하지 않는다. 모든 순간에 모든 곳이 하나님에 의해 소유권이 주장

---

[25] Abraham Kuyper, "Sphere Sovereignty: The Inaugural Address at the Opening of the Free University of Amsterdam, 1880," in James D. Bratt, ed., *Abraham Kuyper: A Centennial Reader* (Grand Rapids: Eerdmans, 1998), 488.

되고, 사탄에 의해 반소된다."²⁶ 때때로 이스라엘 백성은 하나님을 그저 바람직하지 않은 상황을 완화해 주시는 존재 정도로 대했다. 그들은 곤고해지면 그분에게 도움을 청했다. 그러나 나머지 시간 동안에는 마치 그분이 존재하시지 않는 것처럼 살았다. 종종 우리도 그렇게 하지 않는가? 어떤 의미에서 우리는 모두 부족하며, 왕이신 예수님의 죽음에 대한 책임이 있다. 17세기의 찬송시는 이렇게 노래한다(새찬송가 152장, '귀하신 예수' 2절-역자 주).

> 누가 죄인입니까?
> 누가 당신께 이런 일을 했습니까?
> 아, 예수여, 나의 반역이 당신께 그런 일을 했습니다!
> 그것은 저입니다.
> 제가 당신을 부인했고,
> 제가 당신을 십자가에 못 박았습니다.²⁷

우리 모두가 구주의 죽음에 책임이 있다. 만약 우리가, 그분의 제자들이 그랬던 것처럼, 마치 예수님이 살아 계시지 않으며 만유를 지배하고 계시지 않은 것처럼 살아가고 있다면, 성령께서 우리

---

26 C. S. Lewis, *Christian Reflections* (Grand Rapids: Eerdmans, 1967), 41. 『기독교적 숙고』, 홍성사.
27 Johann Heermann, "Ah, Holy Jesus, How hast Thou Offended?" (1630), trans. Robert Bridges (1897).

의 눈을 열어 그분의 선하신 그리고 모든 것을 포괄하시는 왕권에 대해 눈을 뜨게 해 주시기를 바란다. 우리가 모든 면에서 왕 중의 왕이신 그분께 복종할 수 있기를 바란다.

| 읽어 볼 글들 |

- 시편 2장; 다니엘 7장
- 골로새서 1:15-20; 히브리서 1-2장

| 생각해 볼 질문 |

01 우리는 왕이신 여호와를 배척하는 것이 어떻게 해서 사사 시대에 이스라엘의 모든 문제의 근본적인 원인이 되었는지에 대해 논의해 왔다. 이러한 주장이 옳은지 확인하려면 사사기의 이야기들 중 몇 가지를 떠올려 보라.

---

02 예수님이 주님이라는 것은 무엇을 의미하는가? 우리는 어떤 방식으로 예수님의 주권을 삶의 특정한 때와 장소에 국한해 왔는가? 예수님을 내 삶 전체의 그리고 내 모든 활동의 주님으로 인정하는가?

---

03 과거 이스라엘 백성처럼 오늘날의 교회가 마치 하나님께서 죽으신 양 여기며 살아갈 수도 있다는 사실은 처음에는 상상하기조차 어렵다. 우리의 삶과 활동 영역들에서 하나님의 기준보다 우리의 기준을 더 앞세웠던 방식을 생각해 보라.

5장

거룩한 백성의 가나안화

 만약 사사기의 집필 목적이 이스라엘이 여호와의 왕적 통치를 거부했음을 보이는 것이라면, 그 핵심 주제는 이스라엘의 가나안화일 것이다.[28] 다시 말해, 사사기의 내용이 전개되어 감에 따라 하나님의 백성은 점점 더 가나안 민족들처럼 보이기 시작한다. 그러나 이런 점진적 타락은 단지 사사기의 구조 때문에 그렇게 보일 뿐이다. 이스라엘의 가나안화는 정착기 초기에 백성이 여호와를 버리고 가나안의 신들을 섬겼을 때부터 이미 일어났다. 백성의 가

---

28 학자들은 과거에도 사사기의 점진적 타락이라는 주제를 인식해 왔으나, 그것에 이름을 부여한 것은 블록(Daniel I. Block)이었다. 예컨대, Daniel I. Block, *Judges, Ruth* (NAC; Nashville: Broadman and Holman, 1999), 57-59를 보라. 여기서 나의 연구는 블록과 다른 이들의 연구를 기반으로 한다. 더 상세한 내용을 위해서는 그 책의 "Further Reading"을 보라.

나안화가 특별히 비극적인 것은, 하나님께서 택하신 백성이 유일하게 명령받은 사항이 바로 절대로 가나안 사람들처럼 되지 말라는 것이었기 때문이다. 그들은 열방에 여호와의 복을 가져다주기 위해 열방과 구별되는―거룩한―백성이 되도록 부르심을 받았다. 그런데 정반대의 일이 벌어졌다. 이는 이스라엘이나 가나안 사람들에게 도저히 복이라고 생각될 수 없는 것을 가져다주었다.

사사기 전반에 나타나는 가나안화

이스라엘의 가나안화라는 주제는 사사기 전체의 구조 속에 정교하게 섞여 있고 개인들의 이야기들을 관통하고 있다. 서론 부분(1:1-3:6)은 이스라엘의 가나안화에 대한 상황을 설정한다. 백성이 가나안 사람들을 내쫓지 못하였기에 그들의 문화와 관습, 그리고 종교가 백성에게 저항할 수 없는 매력과 영향력을 끼치게 된다. 서론에서 이미 저자는 곧 발생할 것이라 예상할 수 있는 이스라엘의 틀림없는 타락에 대해 우리를 준비시킨다. "그 사사가 죽은 후에는 그들이 돌이켜 **그들의 조상들보다 더욱 타락하여** 다른 신들을 따라 섬기며 그들에게 절하고 그들의 행위와 패역한 길을 그치지 아니하였으므로"(2:19, 굵은 글씨는 저자 강조). 화자가 "소탕 작전"(1장)에 관한 이야기를 전하는 방식 역시 백성의 타락을 암시한다. 각 부족은, 유다로부터 다른 부족들을 거쳐 단 지파에 이르기까지, 갈수록 더욱더 가나안 사람들을 내쫓지 못한다.

점진적인 가나안화라는 주제는 또한 여섯 명의 중요한 사사들의 지도자적 자질의 타락을 통해서도 드러난다. 처음 세 명의 중요한 구원자들(옷니엘, 에훗, 그리고 드보라/야엘)은, 비록 우리에게 예상하지 못했던 지도자들이라는 인상을 주지만[29], 이스라엘 백성을 적들로부터 구출하는 데 성공한다. 드보라의 사이클에서 바락이 여호와께서 구원에 대한 약속을 표명하셨음에도 머뭇거렸던 것은 걱정을 자아낸다(4:6-8). 상황은 기드온과 함께 극적으로 바뀐다. 그는 자신들을 다스려 달라는 백성의 제안을 말로는 거절하지만(8:23), 실제로는 이야기가 전개되는 내내 가나안 왕들의 행태를 따라 행동한다(예를 들어, 자신의 권력을 사용해 피의 복수를 행하고, 여러 아내를 둔 하렘을 유지하고, 고향에 우상을 섬기는 예배 처소를 세운다. 8장을 보라). 입다 역시 자기를 섬긴다. 그리고 그는 인신 제사 – 이스라엘에서 그것은 여호와께 가증한 일이었고 중대한 범죄였다(레 20:2-5) – 를 통해 하나님을 조종하려고 하면서 가나안 사람들의

---

29 이 개인들은 다양한 이유로 우리의 예상에서 벗어난다. 옷니엘은 아마도 외국인이었는데, 이 점은 그가 이스라엘의 구원자가 되기에는 이상한 조건으로 보이게 한다. 에훗은 왼손잡이에다 베냐민 지파 사람이다. 당시에 왼손잡이는 장애로 간주되었다. 또한 여러 가지 이유로 베냐민 지파는 이스라엘의 역사에서 나쁜 평판을 얻고 있었다. 바락은 처음에는 지도자 역할을 꺼린다. 드보라는 여자다. 그리고 야엘은 이스라엘의 반역자의 아내였다. 이들 모두 이스라엘의 구원자로 기대되기에는 적합하지 않았다.

특색을 드러낸다(11:30-31; 39). 다음으로, 이스라엘 백성과 마찬가지로, 어떤 목적을 위해 거룩해지도록 부르심을 받았던 삼손은 자기 백성을 섬기기 위해 나실인으로 구별된다(13장). 그러나 삼손은, 이스라엘 백성과 마찬가지로, 자기가 보기에 옳은 일을 행했다. 그는 나실인의 서약을 깨뜨렸고, 비상한 힘을 개인적 유익을 위해 사용했으며, 결국 이방 여인들의 유혹에 넘어가 함정에 빠졌다.

> **가나안 사람들**
>
> "가나안 사람들"이라는 용어는 이스라엘의 정복 전쟁 이전에 가나안에 거주하던 여러 집단의 사람들을 가리킨다. 이 광범위한 집단은 다양한 국적과 다양한 민족의 사람들로 구성되어 있었다. 예컨대, 사사기는 브리스 족속, 여부스 족속, 아모리 족속, 블레셋 족속, 시돈 족속, 히위 족속, 그리고 헷 족속에 대해 언급하는데, 그 모든 집단이 가나안 사람들로 간주된다. 가나안 사람들의 다민족적 종교와 문화는 이스라엘 백성에게 지속적인 올무가 되었다. 바알들(혹은 바알)과 아스다롯들은 농업과 풍요에 대한 책임을 맡은 가나안의 남신과 여신들을 대표했다. 가나안 종교에서 이런 신들에 대한 충성은 번영과 성공을 보장해 주었다. 이 새로운 문화는 이스라엘 백성에게 그 땅에서 성공하려면 그런 지역 신들을 기쁘게 하고 섬겨야 한다는, 저항할 수 없는 유혹을 제공했다.

이스라엘 백성이 서로를 대하는 일에서 나타난 가나안화

이스라엘의 점진적인 가나안화는 또한 백성 내부의 관계에서도 분명하게 드러난다. 서론 부분에서 이스라엘은 하나의 응집력 있는 단일체로 묘사된다. 백성은 가나안 족속과의 전쟁 계획에 대해 여호와께 문의했다. 그들은 전투 준비를 하라는 에훗과 바락의 명령을 주저함 없이 따랐고 적들과의 싸움에서 승리를 거두었다. 기드온 이야기는 내부의 갈등에 관한 첫 번째 징조를 소개한다. 첫 번째 예(8:1-3)에서 기드온은 에브라임 사람들과의 잠재적인 갈등을 피하지만, 나중에는 이스라엘 백성의 성읍인 숙곳과 브누엘에 잔인한 복수를 행한다(8:13-17). 그 후에 아비멜렉은 세겜에서 자신의 형제들 일흔 명을 잔혹하게 처형하고 전쟁을 일으킨다(9장). 기드온이 에브라임 사람들과의 군사적 갈등을 피했던 반면, 입다는 그들에게 맞서 무기를 들었고 그 족속의 남자들 사만 이천 명을 학살했다(12:1-6).

삼손 이야기는 백성 내부에서 관계의 발전 과정 중 나타난 왜곡을 보여 준다. 어느 시점에서 유대 지파 중 일부가 외관상의 평화를 유지하기 위해 자기들의 구원자를 적들에게 기꺼이 넘기는 일이 발생한다(15:9-13). 이스라엘 지도자들이 이스라엘 백성과 맞서 싸우고 백성을 학살했던 기드온과 입다의 경우와는 달리, 여기서 현재의 상태를 유지하기 위해 자기들의 지도자를 적들에게 넘겨 희생시키려고 하는 자들은 다름 아닌 이스라엘 백성이었다.

이스라엘 백성이 서로를 가나안 사람들처럼 대한다는 주제는 사사기의 결론에서 완성된다. 첫째, 단 지파의 군사들이 동료 이스라엘 사람인 미가의 집을 약탈할 때 그들은 마치 용병처럼 행동한다(18:14-26). 둘째, 사사기 19장과 창세기 19장에 나오는 사건들 사이의 유사성은 독자들로 하여금 기브아 사람들이 동료 이스라엘 사람들을 다루는 일에서 소돔 사람들보다 훨씬 더 사악했다는 결론을 내리도록 만든다(삿 19:22-26; 창 19:4-11을 보라). 셋째, 이스라엘 백성이 베냐민 지파에 맞서 전쟁을 벌일 때 단순히 베냐민의 군사들만 전멸시키는 것에 그치지 않고 여자들, 아이들, 그리고 가축들까지 모두 죽였다(20:43-48). 이 전쟁은 단순히 베냐민 사람들을 완패시키는 것으로 그치지 않았고 다른 열한 지파에게도 심각한 손실을 입혔다(20:21, 25에 따르면 약 사만여 명이 죽었다).

> 이스라엘 백성은 "가나안 사람들"처럼 되었고, 서로를 대하는 일에서도 진짜 가나안 사람들처럼 점점 더 무자비해졌다.

사사기가 전개됨에 따라 이스라엘 백성은 점점 더 그들 자신의 적이 되어 가는 모습을 보인다. 처음에는 가나안 사람들과 맞서 전쟁을 하기 위해 소집되었으나, 점차적으로 자기네들끼리 서로 전쟁을 했다. 1:1에서는 여호와께 가나안 사람들에 대한 군사 작전을 어느 지파가 이끌어야 할지 묻기 위해 모였다면, 끝부분에서는 베냐민 지파에 대한 군사 작전을 어느 지파가 이끌어야 할지 묻기 위해 온 이스라엘(베냐민 지파를 제외하고)이 모였다(20:18). 이스라엘 백성은 "가나안 사람들"처럼 되었고, 서로를 대하는 일에서도 진짜 가나안 사람들처럼 점점 더 무자비해졌다.

5장 : 거룩한 백성의 가나안화

여자들을 대하는 일에서 나타난 가나안화

사사기 전체에서 여자들이 맡은 역할은 이스라엘 백성 가운데서 나타난 도덕적 타락에 관한 의식을 가중시키며 그렇게 함으로써 가나안화라는 주제를 심화시킨다. 여자들은 사사기의 마지막보다 시작 부분에서 훨씬 더 존중받는 것 같다. 예컨대, 1:12-15에서 악사는 위엄 있게 행동하며 결혼 계획에 적극적으로 개입한다.[30] 그리고 드보라와 야엘은 전투가 한창일 때 그들이 보여 주었던 결단력 때문에 유명해졌다(4:1-5:31). 그러나 이때로부터 사사기의 사이클이 끝날 때까지 사사기의 이야기는 여자들을 희생자(예를 들어, 입다의 딸[11:34-40]이나 삼손이 딤나에서 얻은 아내[14:1-15:6])나 다른 이들을 희생시키는 사람으로(예를 들어, 들릴라[16:4-22]) 다루거나 묘사한다. 사사기에서 여자들의 역할은 신상을 만드는 여호와 "숭배자"(미가의 어머니; 17:1-5), 잔인하게 짓밟힌-남편이 그녀의 시신을 절단한다-레위인의 첩(19장), 그리고 야베스 길르앗과 실로에서 희생된 여자들(21:8-25)에게서 절정에 이른다.

비록 이스라엘의 건국 이야기들과 율법이 가부장적 문화의 요

---

30 1:11-15에 나오는 중매결혼은 우리로서는 받아들이기가 어려울 수도 있다. 처음에는 갈렙이 자기의 딸을 성공한 군대 지도자에게 상품으로 내주는 것처럼 보인다. 그러나 우리와는 아주 다른 이 시대와 문화 안에서 중매결혼은 문화적 규준이었다. 갈렙의 행동으로 인해 그의 딸은 용감하고 하나님의 부르심에 기꺼이 응답하는 (이 경우에는 가나안 사람들에 맞서 전쟁을 벌이는) 강한 지도자와 결혼할 수 있었다.

소들을 반영하기는 할지라도, 여호와의 나라는 성별(性別)적 측면에서조차 세상의 나라들과 같지 않다. 여호와의 나라에서 남성과 여성 모두는 그 왕의 형상을 담지하고 있다(창 1:27). 그리고 시내산 언약에 포함된 율법의 여러 내용은 여성에게 일정 수준의 위엄을 부여하는데, 이는 비록 성 평등에 대한 우리 시대의 이상 전체를 만족시키지는 못할지라도, 그 시대로서는 반문화적인 내용이었다.[31] 사사기를 읽어 나갈 때 우리는 하나님의 백성이 점차적으로 주변의 이방 문화에 속한 이들처럼 – 아마도 그보다 더 나쁘게 – 여자들을 대하고 있음에 주목할 필요가 있다.

우리의 우상 포기하기

하나님의 백성은 도덕적 행위, 예배 관습, 그리고 상호 관계라는 측면에서 "거룩한 백성과 제사장 나라를 위한 선언문"이 지시했던 방향과 반대로 나아갔다. 시내산 언약을 지키는 데 실패함으로써 그들은 좋은 이웃을 얻지 못했을 뿐 아니라 밤에 거리를 걷는 것이 상징적으로나 문자적으로나 극도로 위험한 상황까지 초래하고 말았다.

---

31 M. J. Evans, "Women," in *Dictionary of the Old Testament: Pentateuch*, ed. T. Desmond Alexander and David W. Baker (Downers Grove: InterVarsity Press, 2003), 897-904를 보라.

우리는 구약성경에 등장하는 하나님의 백성을 무지하고 완고한 이들로 쉽게 일축할 수도 있다. 어쩌다 그렇게 아둔하게 되어 구세주이신 하나님을 포기하고 돌과 나무로 만든 가나안의 우상들을 계속해서 쫓았던 것일까? 참으로 어리석어 보인다. 하지만 고대 근동 문화를 더 깊이 이해하면 할수록, 우리의 그런 비판적 태도는 도전에 직면하게 될 것이다. 고대 근동에서 지방의 신들을 섬기는 것은 관습이었다. 그 신들은 인간의 출산, 곡물 생산, 그리고 날씨와 같은 삶의 중요한 측면들을 통제하는 것으로 이해되었다. 새로운 지역으로 이주한 이들이 번성하기 위해서는 그 지역의 신들을 확인하고 그들에게 예배하는 것이 당연하다고 여겨졌다. 이것은 이스라엘 주변의 문화에서 아주 일반적인 관습이었기에 이스라엘 백성은 가나안의 신들을 예배하는 일에 참여하라는 강력한 압력을 받았다.

게다가 하나님의 백성은 그들의 역사를 통해 하나의 특별하고 영속적인 문제와 마주했는데, 바로 주변 문화에 동화되는 것이었다. 바울은 로마에 있는 신자들에게 "너희는 이 세대를 본받지 말고 오직 마음을 새롭게 함으로 변화를 받아 하나님의 선하시고 기뻐하시고 온전하신 뜻이 무엇인지 분별하도록 하라"고 편지를 썼다(롬 12:2). 역사 전반에 걸쳐 하나님의 백성이 겪는 어려움은 우리 스스로의 문화에 너무 몰입하여 그 문화가—혹은 그 문화의 우

상들이 – 우리를 형성하고 우리에게 영향을 주는 방식들을 인식하지 못하게 되는 것이다.[32]

만약 서구의 어느 상황에서 이 책을 읽고 있다면, 당신은 아마도 지금 당신이 깨닫는 것보다 훨씬 더 많이 현대 서구의 우상들과 문화에 의해 형성되어 있을 것이다. 우리와 같은 현대 서구의 그리스도인들에게는 우리 문화의 우상들과 우리가 그것들에게 항복하는 미묘한 (그리고 그다지 미묘하지 않은) 방식들을 밝혀야 할 절실한 필요가 있다. 더 큰 집이나 더 나은 직업을 추구하느라 자녀들을 방치할 때, 우리는 소비지상주의(consumerism)라는 제단 위에서 아이들을 "희생시키는" 죄를 짓고 있는 것 아닌가? 신앙의 진리들이 오직 나에게만 참되고 다른 이들에게는 참되지 않을 수도 있다고 생각할 때, 상대주의(relativism)라는 신에게 향을 피워 올리고 있는 것 아닌가? 예수님의 가르침을 우리의 사사로운 삶에 관한 것으로 환원할 때, 세속주의(secularism)라는 우상에게 절

---

[32] 영국의 위대한 선교사이자 작가인 레슬리 뉴비긴(Lesslie Newbigin)은 30년 이상 인도에서 선교사로 살았다. 그렇게 오랜 세월 동안 인도의 문화 속에서 살다가 영국으로 돌아왔을 때, 뉴비긴은 현대의 서구 문화를 새로운 시각으로 볼 진귀한 기회를 얻었다. 그는 선교사가 서구 문화와 마주하는 것이 어떤 것인지에 관한 책을 쓰기로 했다. 거기에는 서구 문화의 우상들을 폭로하는 내용이 포함되어 있다. 더 상세한 내용을 알려면, Newbigin, *The Gospel in a Pluralist Society* (Grand Rapids: Eerdmans, 1989, 『다원주의 사회에서의 복음』, IVP); *Foolishness to the Greeks: The Gospel and Western Culture* (Grand Rapids: Eerdmans, 1986, 『헬라인에게는 미련한 것이요』, IVP)를 보라.

하고 있는 것 아닌가?

사사기는 어느 특정한 기간 동안 이루어졌던 하나님의 백성의 가나안화에 대해 묘사한다.

> 사사기는 신적 왕을 배척하고 문화의 우상들에 굴복하는 위험에 관해 정신이 번쩍들 정도로 강력한 교훈을 제공한다.

하지만 오늘날 하나님의 백성의 상황은 그때와 다른가? 우상들은 다를 수 있다. 그러나 현실은 동일하다. 사사기는 신적 왕을 배척하고 문화의 우상들에 굴복하는 위험에 관해 정신이 번쩍 들 정도로 강력한 교훈을 제공한다. 우리가 우상들을 포기하고 오직 우리의 영광스러운 주님과 구주만을 예배하게 되기를 바란다.

| 읽 어 볼 글 들 |

- 출애굽기 20:1-17에 나오는 십계명을 읽으라. 이어서 출애굽기 19:3-6을 읽으라.
- 마태복음 5:1-16

| 생 각 해 볼 질 문 |

01 신적 왕을 배척하고, 가나안의 우상들을 섬기며, 가나안 사람들처럼 되었던 이스라엘 백성의 타락에 대해 생각해 보라. 우리 문화의 우상들의 목록을 만들어 보라. 어떤 의미에서 기독교 공동체가 그런 우상들의 희생물이 되었는가?

_____

_____

02 출애굽기 19:3-6에서 여호와께서는 그분의 백성에게 새로운 정체성을 부여하신다. 그 새로운 정체성이 무엇인가? 십계명은 어떻게 하나님의 백성이 그 새로운 정체성을 따라 살아가도록 도울 수 있는가?

_____

_____

03 마태복음 5장에서 예수님은 제자들에게 빛과 소금이 되라고 명하신다. 우리가 세상에서 빛과 소금이 된다는 것은 어떤 의미인가? 팔복은 이 부르심과 어떻게 연관되는가?

_____

_____

6장

사사기에 나타난 폭력

    만약 성경을 하나님의 살아 있는 말씀으로 진지하게 여긴다면, 가나안 정복은 우리가 성경에서 마주하는 가장 도전적인 문제들 중 하나다. 이스라엘에게 약속하신 땅에서 이미 살고 있는 이방 민족들을 죽이거나 (혹은) 추방하라는 하나님의 명령을 이해할 수 있는가? 이 문제는 아브라함과 이삭과 야곱이 하나님께 받은 약속의 궁극적 목표가 열방이 복을 얻는 것이라는 거듭된 표현들로 인해 더욱 복잡해진다(창 12:3; 18:17-19; 22:15-18; 26:3-4; 28:13-14). 백성이 하나님으로부터 받았던 명령 즉, 가나안 민족들과 전쟁하라는 명령이 어떻게 열방에 여호와의 복을 중재하라는 명령과 연결될 수 있는가? 이스라엘과 가나안 사람들의 상호 작용을 열방에 대한 복으로 이해할 수 있는 방법은 무엇인가?

사사기에 등장하는 폭력을 이해하는 법

사사기에 등장하는 폭력을 이해하려면, 먼저 이것이 아주 복잡한 문제이며, 즉 영원의 이편에서는 결코 온전하게 이해할 수 없는 문제임을 인정하는 데에서 시작해야 한다. 이어지는 논의는 하나님의 절대적 선하심이나 그분의 권세나 능력에 대해 의심하거나 의문을 제기하기 위함이 결코 아니다. 오히려 하나님의 진실성과 신뢰성에 대한 신앙의 견고한 토대 위에서 하나님께서 자신이 행하시는 일을 알고 계신다고 확신하면서 이 어려운 문제들을 살피고자 한다. 크리스토퍼 라이트(Christopher J. H. Wright)는 그 문제의 도전에 대해 다음과 같이 정직하게 묘사한다.

> 내가 하나님과 그분의 방식에 대해 이해하지 못하는 것들을 모아 놓는 바구니에 성경의 이 부분에 관한 질문도 있다. 가끔 나는 이러한 생각을 한다. "하나님, 저는 주님께서 주님의 계획을 이행하시기 위한 다른 길을 찾으셨기를 바랍니다." 나는 이런 이야기가 성경에 들어 있지 않았기를 바라기도 한다(보통 그것과 관련된 또 다른 질문들을 접한 후에 그러하다). 그러나 성경과 관련하여 그 점을 바라는 일이 잘못임을 안다. 하나님께서는 그러한 사건들과 그분이 우리에게 주신 그것들에 대한 기록 안에서 자신이 무슨 일을 행하시는지 알고 계셨다. 그럼에도 그것은 여전히 어

럽다.[33]

  실제 문제가 어디에 있는지 그리고 우리가 어디에서 불필요한 문제들을 만들어 냈는지를 이해하는 것 역시 중요하다. 후자에 관한 한 가지 예를 제시해 보겠다. 언젠가 어떤 이가 구약성경 비폭력적 읽기 - 구약성경이 부추기는 폭력적 행동에 적극적으로 저항하는 방식의 읽기 - 를 시도해야 한다고 주장하는 소리를 들은 적이 있다. 그는 성경에 등장하는 여러 가지 폭력과 관련된 구절들을 열거했는데, 그중에 사사기 19장에 대한 분명한 언급이 포함되어 있었다. 그러나 이 본문이 폭력을 부추긴다고 여기는 것은 본문에 대한 심각한 오독이다. 그 이야기의 화자는 기브아 남자들의 행위가 여호와 보시기에 악했다고 구체적으로 말하지 않는데, 왜냐하면 이는 너무나 확실했기 때문이다. 그 이야기의 기본적인 메시지는 여호와의 백성이 그분의 왕적 통치를 거부하고 스스로 법이 될 때 상상조차 하기 어려운 두려운 일들이 일어난다는 것이다.

---

33 Christopher J. H. Wright, *The God I Don't Understand: Reflections on Tough Questions of Faith* (Grand Rapids: Zondervan, 2008), 86. 『크리스토퍼 라이트, 성경의 핵심 난제들에 답하다』, 새물결플러스. 라이트(Wright)의 논의는 이 문제를 조심스럽게 풀어놓는다. 나는 이 장에서 제기되는 여러 가지 점을 그의 책에서 가져왔다. 그의 논의는 매우 세밀하게 제기되며 쉽게 읽힌다. 독자들에게 이 책을 적극 추천한다.

> 여호와의 백성이 그분의 왕적 통치를 거부하고 스스로 법이 될 때 상상조차 하기 어려운 두려운 일들이 일어난다.

이 논의를 명확하게 하기 위해 실제 문제에 집중하도록 도와줄 몇 가지 진술을 검토해 보자. 처음 두 가지 주장은 사사기에서 일반적으로 나타나는 폭력을 다루며, 마지막 두 가지 주장은 더 특별하게 가나안 정복과 관련되어 있다.

이스라엘의 실패의 결과로서의 폭력

사사기 1장 이후 나타나는 모든 폭력은 이스라엘이 제사장 나라와 거룩한 백성이 되어야 한다는 그들의 소명을 따라 살지 못한 결과로 발생한다. 앞서 논의했듯이, 사사기의 사이클이라는 사건들은 언제나 백성이 "여호와 보시기에 악한" 일을 행한 결과로 – 다시 말해, 여호와를 버리고 가나안 신들을 섬김으로써 – 시작된다. 마지막 장들에 기록된 혐오스러운 일들은 이스라엘 백성이 여호와의 왕권을 거부하고 "자기 소견에 옳은 대로" 행함으로써 발생한다. 그들의 악한 방식은 가나안 사람들과 직접적인 갈등을 일으켰다. 이스라엘이 소명에 충실했더라면, 이는 가나안 사람들을 위한 복으로 이어졌을 것이다. 여호와의 백성과 함께 살아가는 공동체 속으로 가나안 사람들을 이끌고 그들이 여호와께 복종하게 만들었을 것이다. 그러나 백성의 불순종은 스스로에게 그리고 가나안 사람들에게 폭력적인 갈등과 혼란을 초래했다. 해결책의 중심이 될 수 있었던 백성이 문제의 중심이 되고 말았다.

사사기가 전하는 명백한 메시지는 사사기가 묘사하는 모든 폭력이 백성이 소명에 충실했더라면 피할 수도 있었으리라는 것이다. 이것은 우리가 무어라 평가하기 어려운, 사사기에 등장하는 폭력적 행위들 중 일부를 생각할 때 유념하면 도움이 될 수 있다. 예컨대, 독자로서 우리는 레위인의 첩이 당한 끔찍한 일(19:22-30)과 입다의 딸의 희생(11:30-40)에 대해 분명하게 부정적인 평가를 내려야 한다. 그러나 에훗이 에글론을 기만하고 기괴한 방식으로 살해한 일(3:15-25)이나 야엘이 시스라를 잔혹하게 죽인 일(4:17-22)은 어떻게 평가해야 하는가? 과연 우리가 용납할 만한 구출 방법이었는지 판단하기가 어렵다. 그러나 어떤 경우이든, 이러한 사건들은 피할 수 있었으며 이스라엘 백성이 언약에 불순종한 결과로 일어났다고 할 수 있다.[34]

> 해결책의 중심이 될 수 있었던 백성이 문제의 중심이 되고 말았다.

그렇다면 어째서 하나님께서는 다른 방식의 징벌, 즉 가나안 사람들과의 군사적 갈등을 피하는 방식의 징

---

34 즉, 이스라엘의 악행 때문에 하나님께서 가나안 군사들을 보내셔서 이스라엘 백성을 압제하도록 하셨다는 것이다. 만약 백성이 반역하지 않았더라면, 가나안 사람들과 갈등하지 않았을 것이다.

벌을 택하지 않으셨던 것일까? 우리로서는 하나님이 우리에게 알려 주신 것 이상으로 그분의 마음을 알 길이 없다. 그러나 시내산 언약과 신명기에 실린 언약은 모두 언약에 충실하면 복을, 그리고 언약에 불순종하면 저주를 약속한다(참고. 각각 레 26장, 신 28장). 이스라엘 백성이 이방 적들의 손에 패배하고 그들의 종이 되는 것은 여호와께서 언약 불순종에 대해 정해 놓으신 여러 가지 결과 중 하나다(다른 결과로는 육체적 질병, 흉작, 기근, 가축들의 질병, 그리고 본토에서 쫓겨남 등이 포함되어 있다). 언약의 저주는 이스라엘 백성이 거룩한 소명에 다시 집중할 수 있도록, 아브라함에게 주어졌던 약속(즉, 큰 나라가 되고, 복된 관계를 얻고, 땅을 점령하리라는)을 계속해서 상기시킨다. 사실상 그것들은 백성의 실패와 반역의 사건들로 인해 발생할 일에 대한 타당한 경고였다. 그러나 유념해야 할 한 가지 중요한 통찰은 이스라엘이 언약의 조항들을 지켰더라면 사사기에 등장하는 대부분의 폭력 사건을 피할 수 있었다는 것이다. 그들의 반역이 그들을 가나안 민족들과의 직접적인 갈등 속으로 밀어 넣었다.

묘사된 폭력이 곧 부추겨진 폭력은 아니다

사사기에서 (그리고 성경 전체에서) 그리는 폭력은 폭력에 대한 승인이나 명령을 의미하지 않는다. 어쩌면 뻔해 보일 수도 있는 이

주장은 새삼 강조할 필요가 있는데, 사사기 저자가 우리에게 평가에 필요한 말들을 거의 제공해 주지 않기 때문이다. 사실 구약성경의 이야기들은 어떤 사건이나 행위나 사람에 대한 명백한 평가가 부족한 경우가 많다. 그러나 때로 성경 저자들이 아주 분명하게 판단을 내리는 경우도 있다. 예컨대, 홍수 이야기의 서론 부분에서 창세기 6:11은 이렇게 전한다. "그 때에 온 땅이 하나님 앞에 부패하여 포악함이 땅에 가득한지라." 그리고 솔로몬이 지혜를 구하는 내용과 관련하여 열왕기상 3:10은 이렇게 평가한다. "솔로몬이 이것을 구하매 그 말씀이 주의 마음에 든지라." 또한 다윗이 밧세바와 우리아에게 악한 행동을 했을 때 그 이야기의 화자는 이렇게 지적한다. "다윗이 행한 그 일이 여호와 보시기에 악하였더라"(삼하 11:27).

사사기는 수많은 폭력적 사건들과 행위들을 그리지만 그 행위들을 긍정하면서 그리는 것이 아니다.[35] 예컨대, 입다가 딸을 희생시킨 일을 생각해 보라(11:29-40). 이 사건은 모호함으로 가득 차 있고 여러 가지 불편한 질문들을 제기한다. 입다의 서약과 입다에게 임했던 여호와의 성령은 무슨 관계인가? 입다는 전장에서 돌

---

35 사사기의 사이클의 첫 번째 요소는 그 사건들을 부정적으로 묘사하는 것이다("이스라엘 자손이 여호와의 목전에 악을 행하였다"). 그러나 우리는 그 사건들이 전개되는 방식과 개인이나 집단이 행동하는 방식을 통해 그 사건들과 행위들을 긍정해야 할지 판단해야 한다.

아올 때 집에서 누가 나오리라고 예상했을까? 그리고 가장 중요한 점은, 이 모든 일에서 하나님은 어디에 계신가? 그분의 역할은 무엇인가? 우리는 이 모든 질문에 확실하게 대답하지 못할 수도 있다. 그러나 우리는 부모가 자녀를 희생시키는 일을 하나님께서 멸시하신다는 것(예를 들어, 레 20:2-5; 렘 32:35)과 인간에게 조정당하지 않으시리라는 것(눅 4:12[신 6:16 인용])을 안다. 하나님의 침묵과 명백한 무대응을 그분이 입다의 행위를 승인하시는 것으로 이해해서는 안 된다. 알다시피, 이런 각각의 폭력 사건은 그것이 전하는 바를 오해하지 않도록 신중하게 다루어야 한다.

사사기에 나오는 대부분의 폭력이 이스라엘의 불순종의 결과임을 인정하는 것과 또한 단순히 폭력을 이야기한다는 이유만으로 폭력을 지지하는 것이 아님을 이해하는 것은 어떤 의미로도 사사기의 폭력의 문제를 없애 주지 않는다. 오늘날의 독자들에게 제기되는 실제적인 도전은 하나님이 명령하신 폭력 – 특히 가나안 사람들에 대한 폭력 – 과 관련되어 있다. 우리는 하나님께서 이스라엘 백성에게 가나안 민족을 파멸하라고 (혹은 내쫓으라고) 명령하신 것을 어떻게 이해해야 하는가? 사사기 첫 장에 등장하는 소탕 작전은 여호수아에 기록된 그리고 그보다 앞서 여호와께서 명하셨던(예를 들어, 민 33:50-56; 신 20:1-20) 가나안 정복의 마지막 단계의 사건이다. 예수님이 선포하셨던 평화와 화해의 메시지가 가나안 민족들과 싸우라는 여호와의 명령과 어떻게 조화를 이룰 수 있을까? 아래의 단락들에서는 가나안 정복의 문제를 다룰 것이다.

일회적 사건으로서의 정복 전쟁에서 나타나는 폭력

가나안 정복 전쟁은 하나님의 구원 계획의 역사에서 벌어진 일회적 사건으로, 실제로 하나님이 명하셨지만 제한된 범위 내에서 일어난 독특한 사건이었다. 그 전쟁은 여호와께서 자기 백성을 위해 정하신 모형이 아니었다. 마찬가지로 백성의 정체성은 정복 국가가 아니었다. 여호와의 거룩한 백성과 제사장 나라는 알렉산더 대왕(Alexander the Great)이나 칭기즈칸(Genghis Khan)의 나라처럼 계속해서 확장해 나가는 제국이 아니었다. 정복 전쟁 기간은 처음부터 정해진 만기일이 있었다. 실제로 그 전쟁은 단지 한 세대 혹은 두 세대 정도(주로 여호수아 시대와 아마도 그 직후 세대 중 얼마 동안)만 지속되었을 뿐이다. 물론 이스라엘은 그 이후에도 전쟁을 벌였다. 그러나 그중 많은 경우가 방어를 위한 전쟁이었으며, 그렇지 않았을 경우에는 권력과 영토를 탐하는 왕들의 활동으로 간주되어 단호하게 정죄되었다.

백성이 약속의 땅으로 들어가기 전에 여호와께서는 그곳에는 특정한 민족들에게 할당하신 땅이 있으므로 그 땅을 차지하려고 해서는 안 된다고 분명하게 알리셨다(신 2:4-23를 보라). 또한 신명기 20:10은 가나안 성읍에 대해 전쟁을 수행하기 전에 먼저 그들에게 화평을 제안하도록 명령하고 있다.[36] 비록 여호와께서 가나안 정복 전쟁을 명하기는 하셨을지라도, 그분은 전쟁이 독특하고 일회적이며 제한된 사건이 되기를 바라셨지, 이스라엘이 그 땅을 정복하고 정착한 후에도 계속되기를 바라지 않으셨다.

사사기는 성경의 장대한 이야기의 일부다. 그 장대한 이야기의 시작 부분으로 돌아가 살필 때(looking back), 우리는 폭력이 하나님의 선한 창조 세계에서 낯선 것이었음에 주목할 필요가 있다. 폭력은 창조 세계에 속해 있지 않았다. 단지 반역의 결과로 죄가 창조 세계 안으로 들어왔을 때 존재하게 되었다. 그 장대한 이야기의 종결 부분을 내다볼 때(looking forward), 우리는 그 이야기가 평화가 다스리는 새로운 창조 세계를 예기하고 있음을 볼 수 있다. 왕이신 하나님께 열방이 경배하고 세상에는 치유와 쉼이 있을 것이다(계 15:4; 21:24; 22:2). 이스라엘의 역사에서 일어났던 정복 전쟁을 하나님의 회복에 관한 이야기의 궤적 중 한 단계로 이해하는 것이 절대적으로 중요하다. 존 웬함(John W. Wenham)이 썼듯이, "하나님의 계획은 한 사람[아브라함]을 택해 그를 훈련하여 이방

---

36 비록 여기서 화평이라는 용어가 가나안 사람들이 종살이하는 것을 의미하기는 하지만, 또한 그들이 여호와의 언약의 보호와 돌봄 아래로 들어오는 것이라는 의미도 포함된다.

> 만약 이스라엘 백성이 여호와께서 그들에게 의도하셨던 대로 산다면, 그들은 여호와의 나라를 진척시키게 될 것이다—칼날을 통해서가 아니라 열방이 그분의 나라로 이끌리고 자발적으로 그분의 통치에 순종하는 방식으로.

세계에서 믿음의 삶을 살게 하시는 것이었다. 그리고 하나님은 아브라함의 후손들로 한 민족을 만드시고 그 모든 백성을 하나님을 아는 지식으로 훈련하실 것이다."[37] 그 계획의 일부에는 이스라엘이 그들의 땅 한가운데서 모든 면에서 하나님의 뜻을 따라 살아가는 것이 포함되어 있었다.

이스라엘 백성은 가나안 민족을 정복하고 그 땅에 정착해 "거룩한 백성과 제사장 나라를 위한 선언문"을 따라 살아가야 했다. 만약 여호와께서 그들에게 의도하셨던 대로 산다면, 그들은 여호와의 나라를 진척시키게 될 것이다—칼날을 통해서가 아니라 열방이 그분의 나라로 이끌리고 자발적으로 그분의 통치에 순종하는 방식으로. 이에 비추어 볼 때, 정복 전쟁은 여호와의 복이 온 민족에게 흘러나가는 상황을 촉진시키기 위해 의도적으로 일어난 독특한 사건으로, 일종의 필요악이었던 셈이다.

그러나 이스라엘의 가나안 정복 전쟁은 악한 행위일까? 이 질문은 우리를 정복 전쟁에 대한 이해의 또 다른 중요한 측면으로

---

37 John W. Wenham, *The Goodness of God* (Downers Grove: InterVarsity Press, 1974), 122.

이끌어 간다.

정복 전쟁에서 나타나는 (부분적으로) 심판으로서의 폭력

가나안 정복 전쟁은 이스라엘에게 주어진 그 땅에 대한 하나님의 약속뿐만이 아니라 또한 가나안 사람들의 악함에 대한 하나님의 심판에도 그 기초를 두고 있다. 정복 전쟁은 어떤 정의로운 나라에 대해 자행된 악이 아니다. 오히려 악한 일을 저지른 백성에 대한 여호와의 의로운 심판이다. 우리는 가나안 민족들을 역사상 최악의 도덕적 괴물들로 여기려는 유혹을 받을 수도 있다. 그러나 그들은 그렇지 않았다. 그리고 가나안 사람들 모두가 가장 가증스러운 행위들(예를 들어, 아동 희생 제사)에 참여했던 것은 아니다. 하지만 그들의 사악함 – 잘못된 종교와 왜곡된 행위라는 측면 모두에서 – 은 성경에 잘 기록되어 있다(예를 들어, 레 18:24-25; 20:22-24; 신 9:5; 12:29-31; 18:9-14).

가나안 민족들의 사악함은 400년 이상에 걸쳐 점진적으로 축적되어 왔다. 여호와께서 처음으로 아브라함과 언약을 맺고 그에게 가나안 땅을 주겠노라고 약속하셨던 때로 돌아가 보자. 그분은 이렇게 말씀하셨다.

> 너는 반드시 알라 네 자손이 이방에서 객이 되어 그들을 섬기겠

고 그들은 사백 년 동안 네 자손을 괴롭히리니 그들이 섬기는 나
라를 내가 징벌할지며 그 후에 네 자손이 큰 재물을 이끌고 나오
리라 너는 장수하다가 평안히 조상에게로 돌아가 장사될 것이요
네 자손은 사대 만에 이 땅으로 돌아오리니 이는 아모리 족속의
죄악이 아직 가득 차지 아니함이니라(창 15:13-16)

아브라함은 그 약속의 땅을 보지 못했고, 그의 손자들과 그들의
손자들 역시 그러했다. 아브라함의 자손들은 아모리 족속의 죄악
이 가득 찰 때까지 400년을 기다려야 했다.[38] 마치 여호와께서 아
모리 족속의 악을 한동안 관용하시겠으나 그들의 악함이 너무 커
져서 결국 심판을 내리실 때를 생각하는 날이 오리라고 말씀하시
는 것과 같았다. 사실 이것이 여호와께서 나중에 가나안 족속들을
쫓아내기 위해 제시하신 이유였다. "네가 가서 그 땅을 차지함
은 네 공의로 말미암음도 아니며 네 마음이 정직함으로 말미암
음도 아니요 이 민족들이 악함으로 말미암아 네 하나님 여호와
께서 그들을 네 앞에서 쫓아내심이라 여호와께서 이같이 하심
은 네 조상 아브라함과 이삭과 야곱에게 하신 맹세를 이루려 하

---

38 엄밀히 말하자면, 아모리 족속은 가나안 민족들 중 하나였다. 그러나 그
들이 약속의 땅이 속한 지역을 지배하고 있었기에, 창세기 15장에 등장하
는 아모리 족속에 대한 언급은 가나안 주민 전체를 가리키는 것일 수 있다.
J. B. Scott, "Amorites," in *Baker Encyclopedia of the Bible*, ed. W. A.
Elwell and B. J. Beitzel (Grand Rapids: Baker Book House, 1988), 75.

심이니라"(신 9:5).

성경에 나오는 폭력을 어떻게 다룰 것인가?

가나안 족속에게 자행된 폭력을 여호와의 심판으로 이해하는 것은 중요하다. 그러나 그 사실이 우리가 폭력을 쉽게 받아들이도록 해 주지는 않는다. 하나님은 그분의 피조물 중 그 어떤 존재의 죽음도 기뻐하지 않으시며(겔 18:32), 심지어 악한 자의 죽음에 대해서조차 그러하시다(겔 18:23). 우리 역시 그래야 한다. 크리스토퍼 라이트가 이 부분을 적절하게 설명했다. "만약 우리가, 성경이 분명히 그렇게 하듯이, 가나안 정복 전쟁을 잘못된 일에 대한 징벌이라는 틀 안에 둔다면, 이는 가해진 폭력의 본질에 대해 범주적 차이를 만들어 낸다. 그것은 정복 전쟁을 덜 폭력적인 것으로 만들어 주지 않는다. 또한 그 전쟁이 갑자기 '훌륭한' 혹은 '괜찮은' 것이 되지도 않는다. 하지만 그것은 차이를 만들어 낸다."[39]

우리가 사사기에 (그리고 성경의 다른 부분에) 등장하는 폭력에 대해 불편함을 느끼는 것에는 합당한 그리고 옳은 무언가가 있다. 죽

> 우리는 하나님께서 가나안 사람들을 다른 방식으로 다루셨기를 바랄 수 있다. 그러나 우리는 하나님이 아니다. 우리가 그분의 방식을 온전히 이해하지 못할 때조차 그분의 선하심을 신뢰할 수 있으며 신뢰해야 한다.

---

39 Wright, *The God I Don't Understand*, 93.

음, 고통, 폭력 등은 하나님의 창조 세계에 속해 있지 않았고, 예수님께서는 이 모든 것에 대해 승리하셨다. 폭력이 폭력적인 행위로 극복되었다. 흠이 없으신 그분의 심판을 통해 죄를 지은 이들이 긍휼을 얻었다. 우리는 하나님께서 가나안 사람들을 다른 방식으로 다루셨기를 바랄 수 있다. 그러나 우리는 하나님이 아니다. 우리가 그분의 방식을 온전히 이해하지 못할 때조차 그분의 선하심을 신뢰할 수 있으며 신뢰해야 한다.

| 읽 어 볼 글 들 |

- 사사기 3:12-30
- 사사기 11:29-40
- 사사기 19:1-20:7

| 생 각 해 볼 질 문 |

01 성경에 나오는 폭력을 이해하고자 애썼던 적이 있는가? 이 장을 읽고 어떤 도움을 받았는가? 어떤 의문들이 여전히 드는가?

_____

_____

02 에훗의 이야기(3:12-30)와 입다가 딸을 희생 제물로 바친 이야기(11:29-40), 그리고 레위인과 그의 첩에 관한 이야기(19:1-20:7)를 읽고 비교해 보라. 그 이야기들이 전개되는 방식, 등장인물들이 행동하는 방식, 그리고 그 인물들이 묘사되는 방식에 주목하라. 화자는 이러한 폭력 행위들을 어떻게 이해해야 하는지 분명하게 말해 주지 않는다. 그럼에도 당신은 이해에 도움이 될 만한 단서들을 찾을 수 있는가?

_____

_____

03 예수님께서 악과 폭력을 물리치시고 평화와 조화의 미래를 보장해 주시기 위해 어떤 일들을 겪으셨는지 묵상해 보라.

_____

_____

7장

사사기의 지속적인 증언

 사사기는 오늘날과 아무 상관도 없는 멀리 떨어진 시대와 장소에서 벌어진 이야기들의 모음집이 아니다. 하나님의 살아 있고 활동적인 말씀의 일부다. 또한 사사기는 애초의 상황에서 그랬던 것처럼 오늘날에도 사람들에게 강력하게 말씀한다. 그러나 오늘 우리가 우리를 위한 하나님의 음성과 메시지를 들으려면 사사기를 어떻게 읽어야 하는가? 오늘날 많은 학자는 사사기가 왕권과 (혹은) 다윗과 그의 왕조 수립을 촉진하려는 열망으로 쓰였다고 믿는다. 그들은 사사기를 정치적인 책으로 여기는데, 이는 신학적 의미를 얻기 위해 사사기를 살펴서는 안 된다는 것을 의미한다. 하지만 그 스펙트럼의 다른 쪽 끝에 있는 주석가들은 사사기가 정치적인 책이 아니라고 주장한다. 오히려 오늘날의 신자들을 위한 지속적인 영적 의미를 지닌 예언적인 책으로 여긴다.

사사기가 우리에게 제기하는 도전은 여호와의 왕권이 이스라엘 사회의 모든 차원으로-가족 관계로부터 국가 간의 관계까지, 환대로부터 정치 문제로까지-확대된다는 것이다. 사사기에서 이스라엘의 신앙적 헌신은 영적이고 도덕적인 영역뿐만 아니라 사회 구조, 가정생활, 국가 건설의 방법, 그리고 사법과 통치에까지 영향을 주었다. 우리는 이 모든 부분에 주목함으로써 유익을 얻을 수 있다.

그때와 지금의 하나님의 백성

우리가 의식하든 하지 않든, 인간은 언제나 문화의 창조와 발전에 개입하고 있다.[40] 20세기의 사회학자 필립 리프(Philip Rieff)는 인간이 문화를 발전시킬 때 불가피하게 거룩한 질서(sacred order)라는 개념(명시적이든 암시적이든)을 사회를 위한 질서로 변화시킨다고 주장한다.[41] 다시 말해, 인간이 음악, 도시 계획, 사업, 그리고 농업과 같은 일들에 공을 들이고, 그것들에 접근하며, 발전시키는

---

40 Andy Crouch, *Culture Making: Recovering Our Creative Calling* (Downers Grove: IVP Books, 2008). 『컬처 메이킹』, IVP.

41 Philip Rieff, *My Life Among the Deathworks: Illustrations of the Aesthetics of Authority* (Charlottesville: University of Virginia Press, 2006), 2.

방식은 세상이 무엇과 같은지, 그것이 어떻게 유지되고 있는지, 인간 존재의 목적이 무엇인지, 하나님의 (존재를 포함해) 성품이 어떠한지 등에 대한 인간의 개념에 그 기초를 두고 있다. 예컨대, 도덕 철학자 피터 싱어(Peter Singer)는 우리는 인간과 동물을 동시에 고려해야 하며 인간에 대한 관심을 동물에 대한 관심 위에 둘 때 종차별(speciesism)이라는 죄를 짓는다고 주장한다. 그의 윤리학은 인간과 동물이 동등하게 살아가는 우주의 거룩한 질서에 대한 그의 깊은 신념에서 비롯되었다.[42] 그러나 성경의 이야기로부터 나오는 거룩한 질서는 그런 생각을 거스르며, 대신에 인간이 하나님의 형상대로 창조되었고 동물들을 포함하는 창조 세계를 돌보고 발전시키는 과업을 맡았다고 가르친다.

"거룩한 백성과 제사장 나라를 위한 선언문"은 여호와의 창조 질서로부터 나오는, 사회 질서를 위한 이스라엘의 계획이다. 그 선언문은 농업, 외국과의 관계, 가정생활, 법, 경제, 예배 관행, 그리고 사회 정의를 포함하는 영역들에서 하나님의 거룩한 질서를 이끌어 낸다. 더 나아가 하나님의 백성의 본질과 하나님이 그들을 위해 행하신 일을 집단적으로 그리고 개별적으로 상기시키는 것들(희생 제사, 스토리텔링, 특별한 성일과 축일들, 그리고 다른 예식들 등)을

---

42 Peter Singer, *Animal Liberation* (New York: Harper Collins, 2002). 『동물 해방』, 연암서가.

이스라엘의 달력에 세밀하게 반영시킨다. 사사기는 백성이 가나안 민족들의 신적 질서를 사용하여 그들의 사회 질서를 세우

> 오늘날 사사기는 세속 문화가 거룩하게 여기는 질서를 따라 우리의 사회 질서를 세우지 말라고 경고해 준다.

기 시작하는 안타까운 상황을 묘사한다. 백성이 가나안의 신들을 섬겨서 가나안의 도덕적, 영적, 사회적 가치들에 기초한 이스라엘 사회를 만들어 내는 것은 놀랄 일이 아니다. 오늘날 사사기는 세속 문화가 거룩하게 여기는 질서를 따라 우리의 사회 질서를 세우지 말라고 경고해 준다.

물론 고대의 하나님의 백성과 21세기의 하나님의 백성 사이에는 근본적인 차이들이 존재한다. 예컨대, 우리는 하나의 국가가 아니다. 우리 중 많은 이가 자급자족하는 농경 사회에서 살고 있지 않으며, 신정 정치 체제가 아닌 다원주의 사회에서 살고 있다. 그러나 이스라엘 백성과 마찬가지로 교회로서 우리는 세상을 향한 하나님의 질서가 삶의 모든 차원에서 이루어지도록 문화를 만드는 일에 참여하라는 부름을 받았다. 개인적이고 공동체적인 활동에, 이 세상에서 우리에게 주어진 소명과 하나님이 그리스도 안에서 우리를 위해 이루신 일을 상기시켜 주는 리듬을 제공할 필요가 있다. 그런 리듬이 하나님의 나라 – 예수님께서는 그 나라가 하늘에서처럼 땅에서도 이루어지기를 기도하셨다(마 6:10) – 에서의

공적 섬김의 삶을 위한 수원(水源)이 되어야 한다. 우리가 왕의 형상대로 점점 더 지어져 갈 때, 우리를 향한 이 시대의 우상들의 장악력은 점점 더 줄어들 것이다.

그러나 우리는 이스라엘 백성처럼 문화적 형성과 문화 그 자체에 영향을 주는 것들을 인식하기 위해 애써야 한다. 만약 완전히 다른 시대나 장소에서 온 한 무리가 오늘 우리와 함께 시간을 보낸다면, 즉 함께 일하러 가고, 교회 예배에 참석하고, 여가 시간에 따라다니고, 우리가 서로 그리고 세상과 상호 작용하는 모습을 지켜본다면, 어떤 일이 벌어질지 궁금하다. 그들은 세상에서 우리의 존재 동기로 무엇을 꼽을까? 우리의 가장 깊은 갈망의 대상이 무엇이라고 말할까? 우리가 무엇을 섬기고 있다고 말할까?

그리스도인으로서 우리는 이 시대의 문화적 우상들과 너무 가까이 있기에 그것들을 인지할 수 없는 도전에 직면하고 있다. 그 결과 종종 그것들의 영향력을 의식하지 못한다. 이스라엘 백성은 여호와의 존재나 혹은 여호와께서 예배의 대상이 되어야 한다는 그분의 정당한 주장을 명백하게 거부한 적이 결코 없다. 오히려 여호와를 이방 신들과 함께 예배했고 그 과정에서 이방의 예배 방식들을 사용했다. 예수님의 제자들로서 우리는 소비지상주의라는 성전에서 예배하고 있음을 알고 있는가? 그리스도의 종들로서 우리는 예수님보다 나 자신을 더 자주 섬기고 있지 않은가? 하나

님 나라의 시민으로서 우리는 삶의 영역들을 하나님으로부터 분리했는가, 아니면 우리가 가진 모든 것과 우리

> 그리스도인으로서 우리는 이스라엘 백성처럼 모든 것을 왕이신 예수님께 복속하면서 제사장 나라와 거룩한 백성이 되라는 부르심을 받고 있다.

가 하는 모든 일을 그리스도의 왕권에 복속했는가? 우리는 성경의 틀이 우리가 문화를 형성하는 방식에 영향을 주도록 허락했는가? 그리스도인으로서 우리는 이스라엘 백성처럼 삶의 모든 부분을 왕이신 예수님께 복속하면서 제사장 나라와 거룩한 백성이 되라는 부르심을 받고 있다.

이방 문화와의 만남

사사기는 (1) 이스라엘이 약속의 땅에서 이방 민족들을 쫓아내지 못한 것(1장), (2) 가나안 사람들과 결혼한 것(3:6), 그리고 (3) 가나안의 신들을 섬긴 것(2:1-3, 11, 17, 19; 3:6) 사이의 분명한 연관성을 묘사한다. 3:4은 하나님의 백성 가운데 존재하는 가나안 사람들이 시험거리가 된다고 지적한다. "남겨 두신 이 이방 민족들로 이스라엘을 시험하사 여호와께서 모세를 통하여 그들의 조상들에게 이르신 명령들을 순종하는지 알고자 하셨더라." 사사기는 이스라엘 백성이 이 시험에 실패했음을 보여 준다. 백성과 가나안 문화의 만남은 하나의 국가로서의 그들에 대한 여호와의 계획으로

부터 떠나도록 유혹했으며 그들의 윤리와 예배를 형성했다. 다시 말하지만, 문제는 여호와에 대한 그들의 노골적인 거부가 아니라 여호와에 대한 헌신이 이방 종교와 문화를 통해 여과되도록 만든 종교 혼합이었다. 이것은 입다가 인간을 번제물로 바치겠다는 서약을 하며 여호와의 호의를 확보했다고(11:30-31) 여겼던, 혹은 미가가 레위인 제사장을 고용한 우상의 신당이 여호와의 복을 확보했다고(17:13) 억측했던 이유를 설명해 준다.

오늘날 신자들은 주변의 문화 속으로 깊이 들어가되 동시에 하나님의 영광을 위한 문화를 만들어 내고 발전시키라는 명령을 받고 있다. 크레이그 바르톨로뮤와 마이클 고힌은 기독교 공동체의 사명이 하나님의 백성이 성경의 이야기와 그들의 문화의 이야기를 따라 살아가는 십자로에서 발생한다고 주장한다.

> 성경의 드라마의 제5막에서 살아가는 기독교 공동체는 사명-다가올 하나님의 나라에 대해 삶과 말과 행위로 증언하는 것-에 의해 형성되어야 한다. 그러나 우리는 또한 다른 이야기, 즉 성경의 이야기와 도무지 양립할 수 없는 이야기 속에서 자신의 정체성을 발견하는 문화 공동체의 일부다. 우리가 하나님의 나라를 구현하는 것은 우리가 속해 있는 특별한 시간과 장소에서 문화적 형태를 띠어야 하기에, 두 이야기 모두가 진리임을 주장하고 또한 그 각각의 이야기가 우리의 삶 전체를 요구하는 십자

로에 우리 자신이 서 있음을 발견하게 된다. 우리가 어떻게 해야 지금 여기에서 성경의 이야기에 충실할 수 있을까?[43]

우리의 문화가 우리의 도덕성, 예배, 오락, 정치적 민감성, 그리고 인간관계를 좌우하도록 허락하고서도 그리스도의 나라를 드러내기를 기대할 수 있을까? 기독교 공동체들은 모든 일에서 예수님의 왕권에 복종하면서 이 세상에서 자신의 사명과 활동을 계속해서 꼼꼼하게 살펴야 한다. 우리의 문화 한가운데서 성경의 이야기를 따라 살아가려면 그 이야기 속으로 더욱더 깊이 잠겨야 한다.

포스트모더니즘과의 만남

칼 라쉬케(Carl Raschke)는 "아주 심각한 정도로 사사기는 그 말의 가장 강력한 의미에서 포스트모던적이다"라고 밝힌다. "그 신명기적 역사가의 도덕률은 결국 붕괴된다. 우리가 하나님의 움직임의 아주 심원한 그러나 결코 분명하지 않은 태피스트리(tapestry)를 찾고자 할 때, 구속을 위한 하나님의 노력은 단지 흘

---

43 Michael W. Goheen and Craig G. Bartholomew, *Living at the Crossroads: An Introduction to Christian Worldview* (Grand Rapids: Baker Academic, 2008), 129. 『세계관은 이야기다』, IVP.

끗 엿보일 뿐이다."[44] 사사기의 마지막 장들의 틀을 이루는 "사람마다 자기 소견에 옳은 대로 행하였더라"(17:6; 21:25)라는 후렴구는 오늘날의 포스트모더니즘에 딱 맞는 모토다. 그러나 안드레아스 쾨스텐버거(Andreas J. Köstenberger)와 마이클 크루거(Michael Kruger)가 옳게 지적하듯이, 포스트모더니즘 안에서는 이런 종류의 상대주의가 찬양되는 반면, 사사기에서는 폐단의 징표다.[45] 17-21장에 등장하는 이 후렴구는 사사기의 사이클에서 등장하는 후렴구, 즉 이스라엘이 "여호와 보시기에 악을 행했다"는 후렴구와 대조된다. 그 대조는 옳고 그름에 대한 여호와의 기준을 거부하고 그것을 개인의 자율성으로 대체한 것에 분명하게 초점을 맞춘다.

사사기는 개인주의와 도덕적 상대주의로 인한 혼돈을 생생하게 묘사한다. 이는 진리가 존재하며 도덕성에 대한 하나님의 기준이 인간의 삶을 지배해야 한다는 것을 상기시키는 역할을 한다. 우리가 하나님께 반역하는 것은 결국 우리의 목숨을 걸고 (또한 이웃의 목숨을 걸고) 그렇게 하는 것이다.

---

44 Carl Raschke, "Thunder at the Torrent: A Postmodern Theological Reading of the Book of Judges," *Mars Hill Review* 12 (1998): 38.

45 Andreas J. Köstenberger and Michael J. Kruger, *The Heresy of Orthodoxy: How Contemporary Culture's Fascination with Diversity Has Reshaped Our Understanding of Early Christianity* (Wheaton: Crossway, 2010), 15.

정치와의 만남

우리는 사사기의 배경에서 정치적 차원을 쉽게 간과할 수도 있다. 그러나 "사사들"(Judges)이라는 제목 자체가 어떤 정치적 직무를 가리킨다는 사실을 기억할 필요가 있다. 정치 체제라는 측면에서 이스라엘의 정착기는 여호수아의 죽음으로 인한 지도자의 공백과 함께 시작된다. 사사들은 위기에 맞서 나타나 정치적 영역 안으로 들어온다. 이스라엘 백성은 언약을 배반한 결과로 이방 나라들에게 군사적으로 압박을 받는다. 사사들은 여호와의 도우심을 받아 군사적 위협을 제거하는 일에 비교적 성공했지만 하나님의 백성의 나라를 (여호수아와 모세가 했던 것처럼) 회개와 언약적 갱신으로는 이끌지 못했다. 올리버 오도노반(Oliver O'Donovan)은 이 시절에 대해 다음과 같이 지적한다. "군주제 이전 시기에 오늘 우리가 지속적인 정부 기능에 가장 가까운 것으로 인식할 수 있는 것이 '사사들'에 의해 제공되었다.…그들은 이스라엘의 정체성을 위해 필요한 안정뿐 아니라 일관된 정의의 기준을 제공하지 못했다."[46] 우리는 이스라엘의 역사의 서로 다른 상황 속에서 나타나는 서로 다른 정치 체제들을 구별할 수 있다. 그리고 하나님은, 그

---

46 Oliver O'Donovan, *The Desire of the Nations: Rediscovering the Roots of Political Theology* (Cambridge: Cambridge University Press, 1996), 56.

나라가 정의, 샬롬, 그리고 이웃에 대한 사랑이라는 자신의 거룩한 질서를 따라 통치되고 있는 한, 다양한 정치 체제를 적법한 것으로 여겨 허락하셨다.

사사기는 오늘날 정치와 통치를 생각하는 방식에 관한 부정적인 예들을 제시한다. 대부분의 사람들이 세속 사회에서 살아가므로 우리는 그리스도의 통치라는 관점에서 어떻게 정치에 접근할 수 있는지를 파악하는 일이 쉽지 않다. 그리고 비록 우리가 또 다른 신정 정치 체제를 세우라는 명령을 받지는 않았으나, 우리가 행하는 투표, 정치적 쟁점들에 대한 개입, 그리고 정의를 추구하는 일 등은 이 세상에서 우리를 위한 하나님의 계획의 경륜에서 아주 중요하다.

만약 기독교가 정치적 함의를 갖고 있지 않다고 여긴다면, 바울이 1세기 교회들에게 "그리스도가 주님이시다"(*Christos kurios*; 예를 들어, 고후 4:5; 빌 2:11)라고 고백하도록 명령한 일을 생각해 보라. 로마 제국이라는 상황에서 유일하게 합법적인 주는 가이사였다. "가이사가 주님이시다"(*Kaiser kurios*)라는 고백 이외의 다른 고백을 하는 것은 반역이며 천천히 고통스럽게 죽여야 마땅하다고 여겼다. 그 어떤 역사적 혹은 문화적 상황에서도 "그리스도가 주님이시다"라는 고백에 충성하는 것은 불가피하게 그 시대의 권력자들에 대한 도전을 의미할 것이다. 또한 정치와 권력에 반문화적인

> 사사기는 정치 분야에서 왕이신 여호와를 배척하는 것에 내포된 위험을 상기시켜 준다.

방식으로 접근함을 나타낼 것이다. 그리고 정의와 평화에 대한 추구, 겸손과 섬김에 대한 헌신을 뜻할 것이다. 사사기는 정치 분야에서 왕이신 여호와를 배척하는 것에 내포된 위험을 상기시켜 준다.

히브리서 11장이 언급하는 사사기

지금까지는 주로 사사기가 오늘날 하나님의 나라를 지속적으로 살아가려고 방법을 찾는 그리스도인들에게 부정적인 예들을 제시하는 것에 대해 살펴보았다. 그렇다면 우리는 사사기로부터 긍정적인 무언가를 배울 수는 없을까? 신약성경이 사사들에 대해 언급한 경우는 아주 드물다. 한 가지 주목할 만한 언급이 있는데, 이는 처음에는 우리를 당혹스럽게 할 수도 있다. 히브리서 11장은 "믿음의 영웅들"에 관한 구절로 간주된다. 그 장의 핵심 구문은 "믿음으로"이다. "믿음으로 아벨은…믿음으로 에녹은…믿음으로 노아는…믿음으로 아브라함은…믿음으로 사라는…." 히브리서 저자는 예기치 않게 방향을 전환하면서 또한 이렇게 말한다.

> 내가 무슨 말을 더 하리요 기드온, 바락, 삼손, 입다, 다윗 및 사무엘과 선지자들의 일을 말하려면 내게 시간이 부족하리로다 그

들은 믿음으로 나라들을 이기기도 하며 의를 행하기도 하며 약
속을 받기도 하며 사자들의 입을 막기도 하며 불의 세력을 멸하
기도 하며 칼날을 피하기도 하며 연약한 가운데서 강하게 되기
도 하며 전쟁에 용감하게 되어 이방 사람들의 진을 물리치기도
하며(히 11:32-34)

믿음으로 살았던 이들의 명단에 사사들이 포함되어 있어서 이 상해 보인다. 그리고 이 명단에 나오는 사사들은 그리 적절하지 않은 후보자들로 보일 수도 있다. 아마도 옷니엘, 에훗, 그리고 드보라 같은 이들이라면 이해할 수 있겠지만, 기드온, 바락, 삼손, 그리고 입다 같은 이들은 영 아니다. 히브리서 저자가 우리와 동일한 사사기를 읽었던 것일까? 그가 사사기를 잘못 이해했거나, 아니면 그저 이 사사들의 결점을 간과했던 것일까?

이러한 질문들을 다룰 때 기억해야 할 첫 번째 사항은 사사기와 히브리서가 서로 다른 목적을 지녔다는 점이다. 사사기의 집필 목적은 정착기에 발생한 이스라엘의 도덕적, 정치적, 그리고 영적 타락을 예시하는 것이다. 이 타락은 그 시대의 지도자들인 사사들에게도 침투해 있었다. 한편 히브리서의 이 구절들의 목적은 과거의 개인들의 믿음을 칭찬하는 것인데, 히브리서 저자는 그 믿음을 "바라는 것들의 실상이요 보이지 않는 것들의 증거"(히 11:1)

라고 규정한다. 그러므로 사사기는 그 시대와 개인들의 반역적 측면을 강조하지만, 반면에 히브리서 11장은 긍정적인 측면들을 더욱 강조한다. 히브리서 저자는 아마도 믿음의 영웅들의 명단에 나오는 신실한 개인들이 모두 흠 없는 성자들이 아님을 알았을 것이다. 그 명단에는 아브라함, 사라, 야곱, 그리고 모세와 같은 인물들이 포함되어 있는데, 그들은 모두 여호와의 약속을 의심했거나, 그 약속을 경건하지 않은 방식으로 이루려고 했거나, 혹은 불순종으로 하나님의 뜻을 망쳐 놓은 자들이다.

히브리서 11장은 기드온, 바락, 삼손, 그리고 입다를 덕의 표본으로 제시하지 않는다. 사실 그 구절은 이 사사들의 믿음이 나라들을 정복하고, 사자의 입을 찢고, 연약한 가운데서 강하게 된 것을 통해 드러났다고 상술한다. 기드온은 모든 두려움과 약점들에도 불구하고 바알의 제단을 헐었고(6:25-28) 삼백 명의 용사로 적들을 패퇴시켰다(7:1-23). 그의 믿음은 약했을 수도 있지만 그는 믿음의 사람이었다. 또한 삼손은 모든 결점에도 불구하고 사자의 입을 찢었고(14:6), (그의 이야기가 진행되는 내내) 칼날을 피했고, 약한 순간에 강해졌다(16:28-30). 머뭇거리던 바락과 사람을 조종하는 데 능했던 입다는 군대를 이끌어 실제로 강력한 나라들을 정복했다(4:10, 14-16; 11:32-33).

■ 야곱: 사기꾼이자 한 민족의 조상

야곱은 태어나기도 전부터 그의 쌍둥이 형 에서와 장자권을 두고 다퉜다. 태어나던 날에 그는 형의 발꿈치를 붙잡고 나왔다(창 25:21-28). 그의 삶은 자신의 번영과 하나님의 축복을 얻기 위해 계속해서 사기 치는 일로 이루어진 것 같다. 그리고 그 사기의 희생자들은 종종 그의 형제, 아버지, 삼촌을 포함하여 그와 가장 가까운 사람들이었다. 심지어 그는 하나님까지 조종하려고 했다. 한 이상한 이야기에서 야곱은 하나님과 씨름했다. 씨름으로 인해 약해진 상태에서 비로소 하나님을 대면했고 그분께 자기에게 복을 내려 주시기를 간구했다(창 32:22-32). 하나님은 실제로 야곱에게 복을 내리셨고 그의 자손들은 이스라엘의 열두 족장이 되었다. 야곱의 이야기는 술수가 뛰어나고 부정직한 사람들에게 하나님께서 복을 주신다고 가르치는 것이 아니다. 하나님께서 당신과 나처럼 부서진 그리고 반역적인 사람들을 사용하셔서—때때로 잘못된 행위와 동기에도 불구하고—그분의 나라의 목적을 이루신다는 것을 가르쳐 준다.

히브리서 저자는 명단에 등장하는 네 명의 사사에게 당의(糖衣)를 입히고 있는 것이 아니다. 우리 역시 그래서는 안 된다. 사사들이 다채로운 특색을 지니고 등장하도록 해야 하고 또한 그 책에서 발견되는 단서들이 그들에 대한 우리의 이해를 형성하게 해야 한다. 만약 우리가 철저하게 정직하다면, 사사기에서 만나는 이들은 우리와 근본적으로 다르지 않다. 종종 우리는 다른 이들의 그리고 하나님의 관심사보다 스스로의 관심사를 더 중하게 여긴다. 우리가 보기에 옳은 일을 한다. 왕이신 하

> 히브리서 11장은 기드온, 바락, 삼손, 그리고 입다 같은 이들이 믿음의 사람으로 간주될 수 있다면, 하나님의 나라에서는 우리와 같은 실패자들에게도 소망이 있다고 가르친다.

나님께는 립서비스만 하고 실제로는 우리 시대의 우상들을 향해 절한다. 히브리서 11장은 기드온, 바락, 삼손, 그리고 입다 같은 이들이 믿음의 사람으로 간주될 수 있다면, 하나님의 나라에서는 우리와 같은 실패자들에게도 소망이 있다고 가르친다. 우리의 믿음 역시 "바라는 것들의 실상이요 보이지 않는 것들의 증거다."

| 읽 어 볼 글 들 |

- 빌립보서
- 히브리서 11장

| 생 각 해 볼 질 문 |

01 이 장은 오늘날을 향한 사사기의 지속적인 가르침에 대해 생각하는 방식들을 제공한다. 사사기를 읽었을 때 어떤 이야기들과 주제들이 가장 강력하게 말을 걸어왔는가? 그것들이 오늘날 당신이 직면하고 있는 상황에 대해 어떻게 말하는가?

_____
_____

02 바울이 빌립보 교회에 보낸 편지 4장을 모두 읽으라. 빌립보서 3:20에서 바울은 그리스도인의 시민권이 하늘에 있다고 한다. 하지만 그 천상의 시민권이 기독교에 반대하는 로마 사회의 한가운데서 살아가는, 빌립보의 그리스도인들을 위한 견고한 세속적 함의를 갖는다고 지적한다. 빌립보서에 나오는 예수님의 삶, 죽음, 그리고 부활의 공적 함의들에 관한 목록을 만들어 보라.

_____
_____

03 사사기와 히브리서 11장 사이에 명백한 긴장이 있음에 주목한 적이 있는가? 당신은 히브리서 11장을 사사기에 관한 이 연구에 비추어 어떻게 달리 읽을 것인가?

_____
_____

8장

결론

사사기는 비극이다. 사사기는 하나님의 백성이 어떤 존재가 될 수 있었는지를 조명하고 이어서 그들이 어떤 존재가 되었는지를 예시한다. 그러나 그 이야기가 아무리 가슴 아플지라도, 오늘날 하나님의 백성에게는 사사기의 메시지가 필요하다. 사사기를 읽을 때 우리는 거울을 들여다보듯이 그 안에서 우리 자신과 우리의 기독교 공동체들의 모습을 보게 된다. 구속된 그리고 세상에서 거룩한 소명을 부여받은 한 백성, 약속의 백성이 되기 위해 그리고 신적 왕의 뜻을 행하기 위해 분투하는 한 백성, 사명을 계속해서 수행하지 못하는 한 백성이 보인다. 온갖 선한 의도를 지니고 입술에 예수님의 이름을 달고 살면서도, 우리는 정기적으로 우리 시대의 우상들에게 항복한다.

"당신 눈에 옳은 것을 하라"는 표어는 분명히 현대의 세속적인 문화의 모토가 될 수 있다. 그리고 교회는 이런 식의 도덕적 상대

> 사사기를 읽을 때 우리는 거울을 들여다보듯이 그 안에서 우리 자신과 우리의 기독교 공동체들의 모습을 보게 된다.

주의의 유혹에 도무지 면역성이 없다. 우리가 이 시대의 우상들을 섬기고 하나님의 뜻에 맞설 때, 구세주이신 왕의 이름을 욕되게 할 뿐더러 우리 자신과 우리가 복의 통로가 되도록 부르심을 받은 세상을 해치게 된다.

우리는 우리의 왕이 돌아오실 때까지 결코 우상들을 끝장내지 못할 것이다. 그러나 승리는 이미 확보되어 있다. 우리는 더 이상 우상들의 노예가 아니라 우리의 왕의 종이다. 우리는 주린 자, 목마른 자, 병든 자, 그리고 갇힌 자들에게서 그분의 얼굴을 발견한다(마 25:31-46). 우리의 왕은 열방의 왕들과 같지 않으시다. 고린도전서 1장에 나오듯이, 세상이 어리석고 약하게 여기는 것이 사실은 복음의 지혜와 능력이다. 사사기의 메시지가 우리가 우리의 왕을 좀 더 분명하게 볼 수 있도록 돕고, 또한 이 세상에서 그리고 이 세상을 위해서 더욱 일관되게 살아가도록 동기를 부여하기를 바란다.

| 읽어 볼 글들 |

○ 사사기를 처음부터 끝까지 읽으라.

| 생각해 볼 질문 |

01 사사기 연구를 통해 배운 세 가지 핵심 사항을 열거하라.

___

___

___

02 이 연구로 인해 사사기에 대한 이해가 어떻게 바뀌었는가?

___

___

___

___

03 사사기와 관련하여 여전히 남아 있는, 해결되지 않은 문제들이 있다면 열거해 보라.

___

___

___

추천 도서

- 사사기에 대한 훌륭하고, 간결하고, 이용하기 쉬운 주석으로, J. Clinton McCann, *Judges* (Interpretation: A Bible Commentary for Teaching and Preaching; Louisville: John Knox Press, 2002, 『사사기-현대성서주석/목회자와 설교자를 위한 주석』, 한국장로교출판사)를 추천한다.

- 중간 규모의 주석들로는, 탁월한 두 권의 책 Barry G. Webb, *The Book of Judges* (NICOT; Grand Rapids: Eerdmans, 2012)와 Daniel I. Block, *Judges, Ruth* (NAC; Nashville: Broadman and Holman, 1999)이 있다. 가장 발전된 주석을 보려면, Trent Butler, *Judges* (WBC 8; Nashville: Thomas Nelson, 2009, 『사사기』, 솔로몬)를 보라.

- 서구 문화에 대한 견고한 기독교적 분석을 위해서는, Lesslie Newbigin, *The Gospel in a Pluralist Society* (Grand Rapids: Eerdmans, 1989, 『다원주의 사회에서의 복음』, IVP)를 보라. 더 최근에 나온 분석은, Bob Goudzwaard, Mark Vander Vennen, and David Van Heemst, *Hope in Troubled Times: A New Vision for Confronting Global Crises* (Grand Rapids: Baker Academic, 2007)를 보라.

MEMO

MEMO